建设项目档案规范化管理操作手册

山东省档案馆　国网山东省电力公司　编

中国文史出版社

图书在版编目（CIP）数据

建设项目档案规范化管理操作手册 / 山东省档案馆，国网山东省电力公司编 .—北京：中国文史出版社，2019.7

ISBN 978-7-5205-1139-1

Ⅰ．①建… Ⅱ．①山… ②国… Ⅲ．①建筑工程一技术档案一档案管理一技术手册 Ⅳ．① G275.3-62

中国版本图书馆 CIP 数据核字（2019）第 117337 号

责任编辑：李晓薇

装帧设计：刘凤雅　赵晓艳

出版发行：中国文史出版社

社　　址：**北京市海淀区西八里庄路69号**　　邮编：100142

电　　话：010-81136606　81136602　81136603（发行部）

传　　真：010-81136655

印　　装：**北京温林源印刷有限公司**

经　　销：全国新华书店

开　　本：787mm×1092mm　1/16

印　　张：12.75

字　　数：50 千字

版　　次：2019 年 8 月第一版

印　　次：**2022 年 10 月第三次印刷**

定　　价：68.00 元

编委会

编写组

前　言

项目档案记录了建设项目从立项到竣工的全过程，它既是展示新中国成立 70 年以来经济建设伟大成就的重要载体，也是决胜全面建成小康社会、建设社会主义现代化强国的信息保障。国家档案局本着“适应变化、全面修改、加强管理、便于操作”的思路，将《国家重大建设项目文件归档要求与档案整理规范》（DA/T28—2002）修订为《建设项目档案管理规范》（DA/T28—2018），新标准立足于管理性与技术性并重，区分了项目文件和项目档案的概念，强调了档案管理要融入项目建设全过程，明确了项目电子文件归档和管理要求，适应新时代发展需求，具有极强的指导意义。

2018 年，为深入落实《建设项目档案管理规范》，山东省档案局和国网山东省电力公司抓住山东省实施新旧动能转换重大工程机遇，积极探索项目档案管理政企合作新模式，联合印发了《关于加强电网建设项目档案管理工作的通知》，将“潍坊官亭 500 千伏输变电工程”列为全省项目档案示范工程，探索实施项目档案规范管理的“十步工作法”，并在实践中不断总结经验，最终形成《建设项目档案管理规范化操作手册》。《手册》共分为“项目档案管理要点”“十步工作法”“档案整理组卷指南”三个章节以及附录，适用于各行业新建、改建、扩建和技术改造等建设项目档案管理。

目 录

第一章 项目档案管理要点

第二章 十步工作法

目　录

目 录

目　录

目 录

第一章

项目档案管理要点

与其他档案门类相比，建设项目档案管理既有一般的档案管理规律，又有其专业的特性。一直以来，建设项目档案为我国社会经济的发展提供了牢固保障，进入新时代，项目档案工作也应该展现新作为，实现新发展。《建设项目档案管理规范》既贴合了各行业建设管理的一般规律，又符合新时代档案事业高质量发展的要求，是今后一段时间内各行各业开展项目档案管理工作的重要依据和纲领。本章主要围绕《建设项目档案管理规范》各项规定要求，总结项目档案管理的基础知识和要点，并对有关条款进行适当解读和延伸，便于读者对新方向和新要求的理解。

第一节 项目档案管理总体要求

一、基本概况

1 项目档案的概念

项目档案是指经过鉴定、整理并归档的项目文件。项目文件是在项目建设全过程中形成的文字、图表、音像、实物等形式的文件材料。

2 项目档案的特点

项目档案与项目建设紧密相关，项目建设涉及的专业广、单位多、工序繁、周期长，项目档案与其他门类档案相比，其构成更繁杂、来源更广泛、归档更漫长、内容更专业，同时管理难度更大、专业门槛更高。

3 项目档案的作用

长期以来，建设项目档案为我国社会经济的发展提供了坚强的支撑和保障，在安全生产、基础建设、抢险利用、审计稽查等方面都发挥了不可替代的作用。

案例：三广直流输电工程抢修任务

2008 年 1 月，一场罕见的冻雨和冰雹袭击了我国南方地区，冰雪覆盖在输电线路上导致铁塔被压垮，2706 万户供电中断，造成了重大损失。

山东送变电工程有限公司承担了六年前由其承包施工的“三广直流输电工程”的抢修任务，由于该公司完整地保存了项目档案，整个抢修工作在项目档案的帮助下得以有序开展，铁塔重建任务提前一天完成，为尽快恢复供电赢得了宝贵时间。

铁塔抢修现场

二、总体原则

根据《建设项目档案管理规范》，项目档案管理应遵循“统一管理、强化保障、融入建设、全程管控”的原则。

统一管理

建设单位对项目档案工作负总责，实行统一管理、统一制度、统一标准。业务上接受档案行政管理部门和上级主管部门的监督和指导。

强化保障

建设单位与参建单位应加强项目档案管理，配备项目档案工作所需人员、经费、设施设备等各项管理资源。

融入建设

项目档案工作应融入项目建设，与项目建设管理同步，纳入项目建设计划、质量保证体系、项目管理程序、合同管理和岗位责任制。

全程管控

建设单位及各参建单位应加强项目文件过程管理，通过节点控制强化项目文件管理，实现从项目文件形成、流转到归档管理的全过程控制。

三、管理目标

《建设项目档案管理规范》总则第 5 款明确指出了项目档案管理的目标：

项目档案应完整、准确、系统、规范和安全，满足项目建设、管理、监督、运行和维护等活动在证据、责任和信息等方面的需要。

完整性

工程各阶段工作形成的重要项目文件收集齐全，能够完整地记述和反映建设项目的规划、设计、施工及竣工验收的全过程。

系统性

项目文件之间和项目档案之间能够系统成套、排列合理、逻辑闭环，能够反映问题的来龙去脉和建设全过程，并保持有机联系。

准确性

真实记录和准确反映项目建设全过程和竣工时的实际情况，图物相符、技术数据可靠、签字手续完备，保证档案的原始凭证属性。

规范性

项目文件的形成、收集、组卷、鉴定、整理、归档以及项目档案的上架、整理、保管、鉴定、销毁、利用等符合规章制度和标准的规定。

安全性

项目文件与项目档案实体不损毁、丢失，档案装具符合有关安全规定，库房满足“八防”要求，确保档案信息安全。

四、组织机构

1 工作组织

机构层面：建设单位应明确项目档案工作的分管领导，设立专门的档案管理机构，建立档案管理工作网络和沟通协调机制。

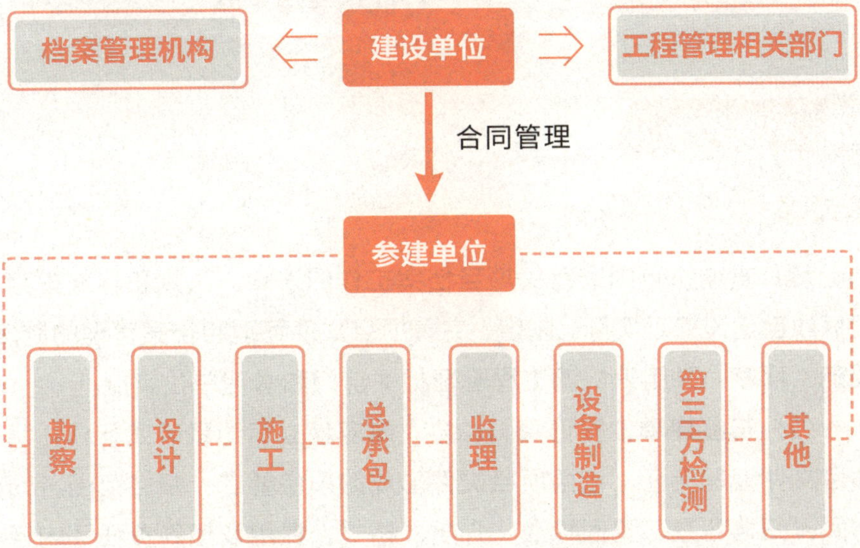

人员层面：建设单位要配备满足工作需要的档案人员，在项目建设期间保持档案人员稳定，档案人员应具备档案专业知识和技能，掌

握一定项目管理和工程技术专业知识并经过培训。建设单位工程管理相关部门、各参建单位应配备专人或指定人员负责项目文件管理工作，在项目建设期间不可随意更换。

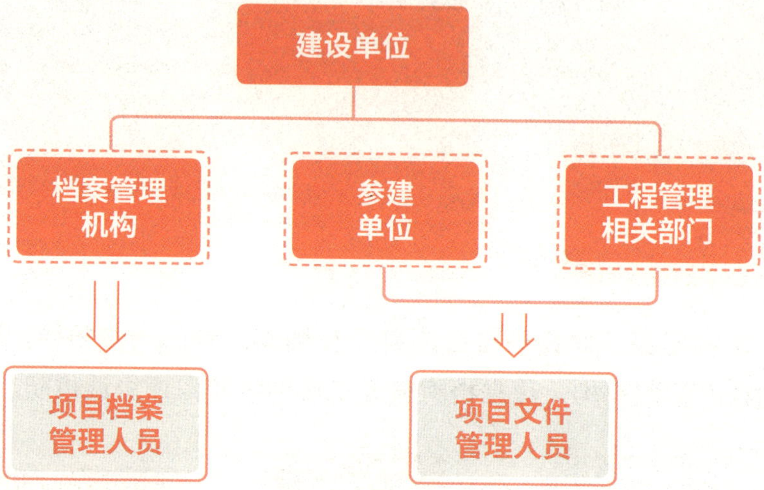

2 职责任务

建设单位

（1）贯彻执行国家有关项目档案工作的法律、法规和标准规范。根据项目建设管理实际，制定、完善项目文件管理和档案管理的制度、规范、程序，并组织协调工程管理相关部门和参建单位实施。

（2）与参建单位签订合同、协议时应设立专门章节或条款，明确项目文件管理责任，包括项目文件形成的质量要求、归档范围、归档时间、归档套数、整理标准、介质、格式、费用及违约责任等内容。监理合同条款还应明确监理单位对所监理项目的文件和档案的检查、审查责任。

（3）对参建单位进行合同履约考核时，应对项目文件管理条款的履行情况做出评价，合同款支付审批时应审查项目文件的归档情况，并将项目文件是否按要求管理和归档作为合同款支付的前提条件。

（4）项目开工前制定项目档案工作方案，对参建单位进行项目文件管理和归档交底。

（5）建立项目文件管理和归档考核机制，对项目文件的形成、积累和归档情况等进行考核。

（6）将项目档案信息化纳入项目管理信息化建设，统筹规划，同步实施。

（7）按档案行政管理部门和主管部门相关规定，进行项目档案管理登记，做好项目档案验收的准备和整改工作。

建设单位档案管理机构

（1）监督、指导本单位工程管理相关部门及参建单位项目文件的形成、收集、整理和归档工作，审查参建单位制定的针对该项目的文件管理和归档制度、规范。

（2）组织项目管理相关人员和档案人员档案业务培训。

（3）参加项目建设的重要会议、重大活动、阶段性检查验收、竣工验收。

（4）负责审查、抽查项目文件归档的完整性、真实性、合法性和整理的规范性、系统性。

（5）负责项目档案的接收、整理、保管、鉴定、统计、利用和移交工作。

建设单位工程管理相关部门

（1）对工程技术文件的规范性提出要求，组织对勘察、设计、监理、施工、总承包、检测、供货等单位归档文件的完整性、准确性、有效性和规范性进行审查。

（2）对本部门形成的项目文件进行收发、登记、积累和收集、整理、归档。

（3）机构和人员变动时，应及时清点交接项目文件，办理交接手续。

参建单位

（1）建立符合建设单位要求的文件管理制度，报建设单位确认。

（2）负责所承担工程的文件收集、整理和归档工作。

（3）监理单位负责对所监理项目的归档文件的完整性、准确性、系统性、有效性和规范性进行审查。

（4）应配备满足工作需要、符合安全保管要求的设施设备，采取措施确保项目文件的安全。

五、基本流程

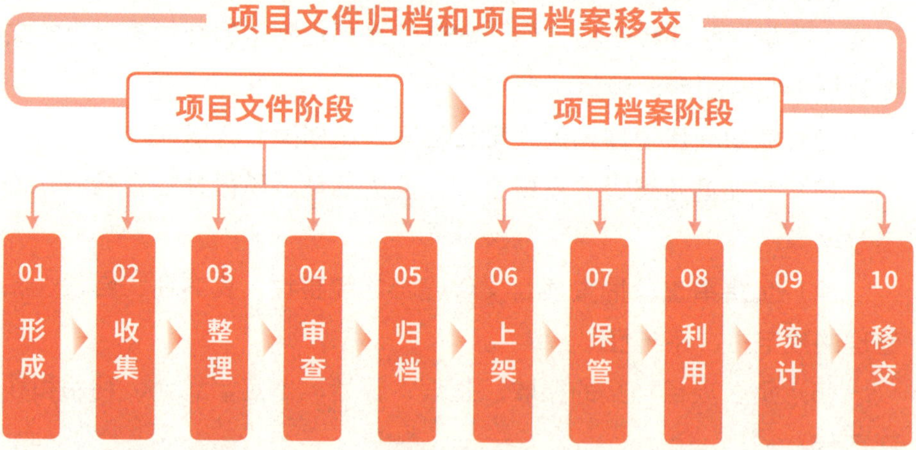

1. 形成。建设单位工程管理相关部门和参建单位形成应归档项目文件。

2. 收集。建设单位工程管理相关部门和参建单位工作办毕后及时收集相应项目文件，并实行预立卷制度。

3. 整理。建设单位工程管理相关部门和参建单位对应归档项目文件进行价值鉴定、分类、组卷、排列、编号、编目、装订等整理。

4. 审查。建设单位工程管理相关部门和参建单位对应归档项目文件进行审查。

5. 归档。建设单位工程管理相关部门和参建单位根据要求及时向建设单位档案管理机构归档项目文件。档案管理机构接收项目文件并与移交人办理交接手续。

6. 上架。建设单位档案管理机构对项目档案进行分类、保管期限鉴定、上架并编制项目档案管理卷。

7. 保管。建设单位档案管理机构安全保管项目档案。

8. 利用。建设单位档案管理机构及时提供利用，并开展项目档案编研。

9. 统计。建设单位档案管理机构根据要求开展项目档案的统计。

10. 移交。建设单位根据合同、协议或相关规定，将有关项目档案交运行单位、项目主管部门或有关档案管理机构的过程。

小贴士

项目文件和项目档案的关系：

项目文件是指在项目建设全过程中形成的文字、图表、音像、实物等形式的文件材料；项目档案指经过鉴定、整理并归档的项目文件，两者是文件材料在不同阶段的不同状态。

“归档”和“移交”的区别：

“归档”主要是指工程管理相关部门和参建单位向档案管理机构归档项目文件，属于建设单位内部的移交。

“移交”主要是建设单位向运行单位或政府主管部门、档案行政管理部门的移交。

六、不同建设管理模式的档案管理简述

1 EPC 模式项目档案管理

EPC（Engineering Procurement Construction）中文名为设计采购施工，也叫总承包工程和“交钥匙”工程，是指 EPC 总承包商受建设单位委托，按照合同约定对工程建设项目的设计、采购、施工、试运行等实行全过程或若干阶段的承包。

实行总承包的项目，总承包单位负责项目总承包范围内项目文件的收集、整理和归档工作的组织协调。建立总承包范围内的项目档案工作组织，履行项目档案管理职责任务。各分包单位负责其分包部分文件的收集、整理，提交总承包单位审核，总承包单位应签署审查意见。

EPC模式组织架构

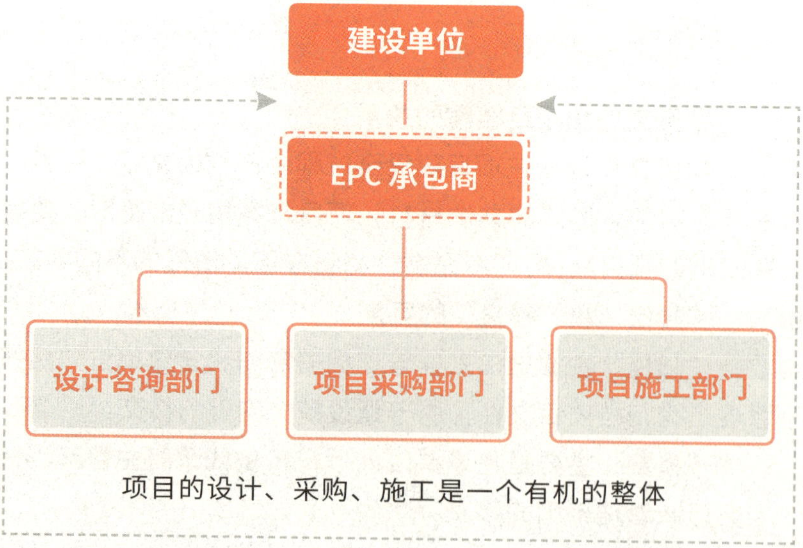

2 BOT 模式项目档案管理

BOT（Build Operate Transfer）即建设—经营—转让，指政府部门就某个基础设施项目与项目公司（一般为民营企业）签订特许权协议，授予签约的项目公司承担该项目的投资、融资、建设和维护，在协议规定的特许期限内，准许其通过经营该基础设施以回收投资并赚取利润，政府对基础设施有监督权和调控权，特许期满，项目公司将该基础设施移交给政府部门。

在 BOT 建管模式中，特许期限内项目公司是基础设施的建设单位，对基础设施项目档案工作负总责，成立项目档案工作组织包括明确分管领导、成立档案管理机构、配备专职档案人员、建立项目档案工作机制等。政府有关部门对基础设施建设项目档案进行监督、指导。特许期满后，项目公司将基础设施的建设项目档案经同级档案行政管理部门或接收工程项目单位的档案机构验收合格后移交给政府部门。

BOT模式组织架构

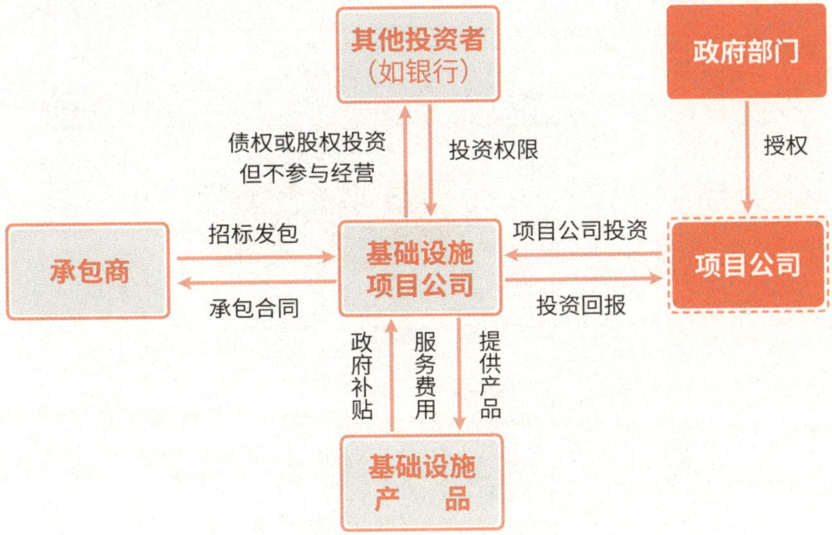

3 PPP模式项目档案管理

PPP（Public Private Partnership），即政府和社会资本合作，是公共基础设施中的一种项目运作模式。在该模式下，鼓励私营社会资本与政府进行合作，参与公共基础设施的建设。

我国目前鼓励政府与社会资本合作开展基础设施建设，但不同的行业、城市、项目，档案管理的主体也不同，因此明确项目档案管理的主体非常重要。明确主体时应该根据项目的特点和采用的PPP投资模式来具体分析，以资产为纽带，以职责为依据，合理制定各相关单位的项目档案管理责任和义务。

PPP模式组织架构

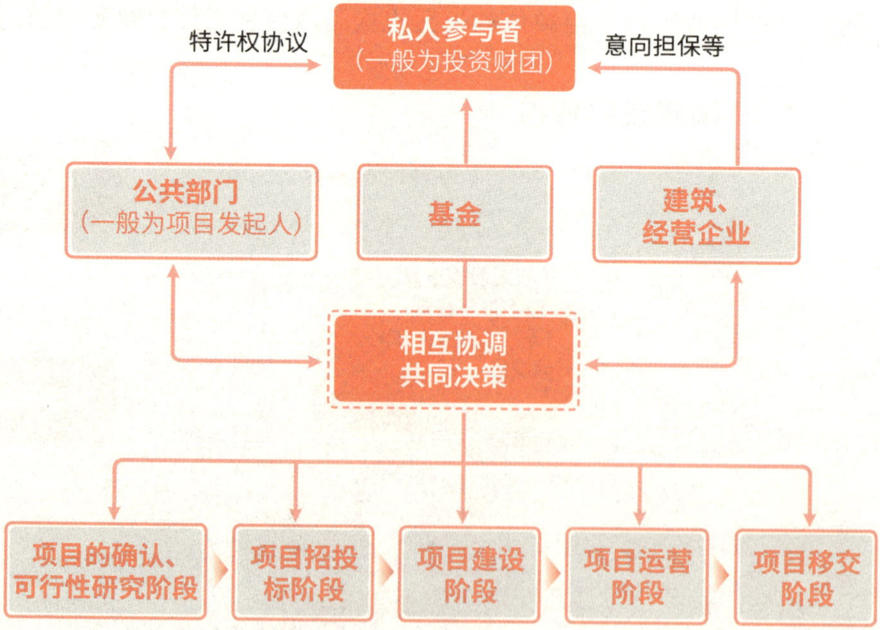

第二节 项目档案管理工作要点

根据《建设项目档案管理规范》，建设项目档案管理要区分项目文件和项目档案两个阶段，重点做好制度规范体系建设、项目文件收集和归档、项目档案保管和移交、项目电子文件归档和电子档案管理等项目档案全过程的各项工作。

一、制度规范建设

1. 建立制度规范体系的基本原则

《建设项目档案管理规范》6.1 条规定：

6.1 项目开工前，建设单位应遵循相关法律法规、规章制度和标准规范，按照职责明确、流程清晰、措施有效、要求具体的原则，建立覆盖项目各类文件、档案的管理制度和业务规范体系。

2. 制度规范体系的主要内容

《建设项目档案管理规范》6.2、6.3 条规定：

6.2 项目文件管理业务规范中应包含但不限于下列内容：

a）项目文件管理流程、文件格式、编号、归档要求等；

b）竣工图的编制单位、编制要求、审查流程和责任等；

c）照片和音视频文件摄录的责任主体、阶段、节点、部位、内容、技术参数、归档要求等。

6.3 建设单位档案管理业务规范中应包含但不限于以下内容：

a）项目档案管理办法；

b）档案分类方案；

c）归档范围和档案保管期限表；

d）整理编目细则。

小贴士

项目档案制度规范体系的建立，也要注意区分“项目文件”和“项目档案”两个阶段。

3. 建立制度规范体系的注意要点

《建设项目档案管理规范》6.4、6.5、6.6条规定：

6.4　建设单位在项目管理相关制度、规范中时应提出档案管理的要求。

6.5　参建单位项目部应制定与建设单位的要求相适应的项目文件管理制度和业务规范。

6.6　建设单位和参建单位应适时对管理制度和业务规范进行修订完善。

二、项目文件管理

1. 项目文件的形成

《建设项目档案管理规范》7.1条规定：

7.1.1　项目前期文件、管理性文件应符合国家有关法律法规、相关行业的规定；

工程技术文件应符合国家、行业有关技术规范和标准的规定。

7.1.2 重要活动及事件、原始地形地貌、建设过程中的工程形象进度、隐蔽工程、关键节点工序、重要部位、地质及施工缺陷处理、工程质量、安全事故、重要芯样等应形成照片和音视频文件。

7.1.3 项目文件应格式规范、内容准确、清晰整洁、编号规范、签字及盖章手续完备并满足耐久性要求。

7.1.4 归档的项目文件应为原件。因故用复制件归档时，应加盖复制件提供单位公章或档案证明章，确保与原件一致。

2. 项目文件的收集

《建设项目档案管理规范》7.3 条规定：

7.3.1.1 项目建设过程中形成的、具有查考利用价值的各种形式和载体的项目文件均应收集齐全。

7.3.1.2 建设单位应依据《建设项目档案管理规范》附录 B 的归档范围和保管期限表（详见附录四），结合项目建设内容、行业特点、管理模式等特征制定符合项目实际的归档范围和保管期限表。

7.3.1.3 项目文件在办理完毕后应及时收集，并实行预立卷制度。

小贴士

《建设项目档案管理规范》规定的归档范围是一种普适性的范围。在实际操作中，每个行业、每个建设项目都具有自身的特点，因此凡是在项目建设全过程形成的具有后续利用价值的项目文件，经过鉴定之后都应该归档。

预立卷是指在文件形成并办结后，立即对项目文件进行收集并进行预分类、预排列、预编号、预编目的过程。具体内容可参见本手册第二章第五节“专业完工随时收集”。

3. 项目文件的整理

《建设项目档案管理规范》7.3 条规定：

7.3.2.1　项目文件应由文件形成单位或部门进行整理。整理工作包括项目文件价值鉴定、分类、组卷、排列、编目、装订等内容。

7.3.2.2　项目文件整理应遵循项目文件的形成规律和成套性特点，保持卷内文件的有机联系，分类科学、组卷合理、便于保管和利用。

7.3.2.3　项目文件应依据归档范围进行鉴定，确定其是否归档。

7.3.2.4　项目文件应按照形成阶段、专业、内容等特征进行分类。

7.3.2.7　案卷编目、案卷装订、卷盒、表格规格及制成材料应符合 GB/T 11822 的规定。采用整卷装订的案卷，应对卷内文件连续编页号。

7.3.2.8　纸质照片的整理应符合 GB/T 11821 的规定；数码照片可参照 DA/T 50 的规定。

7.3.2.9　录音带、录像带等磁性载体文件的整理应符合 DA/T 15 的规定。

7.3.2.10　实物档案依据分类方案按件进行整理。芯样的整理应符合行业规范规定。

小贴士

项目文件的组卷、排列、编号以及竣工图、声像文件和电子文件的整理等具体内容可参见本手册第三章内容。

小贴士

7.3.2.7 提到的 GB/T 11822 标准名称为《科学技术档案案卷构成的一般要求》，本标准规定了科学技术档案案卷的组卷原则和方法、案卷和案卷内文件材料的排列、案卷的编目、案卷的装订、卷盒、表格规格及其制成材料的质量要求。标准介绍可参见附录三。

7.3.2.8 提到的 GB/T 11821 标准名称为《照片档案管理规范》，本标准规定了银盐感光材料照片档案的收集要求、整理程序和保管条件。标准介绍可参见附录三。

7.3.2.8 提到的 DA/T 50 标准名称为《数码照片归档与管理规范》，本标准规定了数码照片归档、整理、著录、存储、保管、利用和销毁的基本要求，为今后数码照片档案管理工作的开展提供规范依据。标准介绍可参见附录三。

7.3.2.9 提到的 DA/T 15 标准名称为《磁性载体档案管理与保护规范》，本标准规定了对磁性载体文件的积累、归档要求和磁性载体档案的管理、贮存与保护等诸环节的要求。标准介绍可参见附录三。

4. 项目文件的归档时间

《建设项目档案管理规范》7.4 条规定：

7.4.1 项目文件应及时归档。

前期文件在相关工作结束时归档；

管理性文件宜按年度归档，同一事由产生的跨年度文件应在办结年度归档；

施工文件应在项目完工验收后归档，建设周期长的项目可分阶段或按单位工程、分部工程归档；

信息系统开发文件应在系统验收后归档；

监理文件应在监理的项目完工验收后归档；

科研项目文件应在结题验收后归档；

生产准备、试运行文件应在试运行结束时归档；

竣工验收文件在验收通过后归档。

小贴士

一般情况下，可在项目竣工后 3 个月内完成项目档案的整体归档。

5. 项目文件的归档审查

《建设项目档案管理规范》7.4 条规定：

7.4.2　归档文件质量应符合 7.1 和 7.2 的相关规定。

7.4.3　施工文件组卷完毕经施工单位自查后（实行总承包的项目，分包单位应先提交总承包单位进行审查），依次由监理单位、建设单位工程管理部门、建设单位档案管理机构进行审查；

信息系统文件组卷完毕后提交监理单位、建设单位信息化管理部门、档案管理机构进行审查；

监理文件和第三方检测文件组卷完毕并自查后，依次由建设单位工程管理部门和档案管理机构进行审查。每个审查环节均应形成记录和整改闭环。

小贴士

《建设项目档案管理规范》7.1 规定了纸质、照片、声像、实物等项目文件形成的质量要求，7.2.1 规定了竣工图的编制要求。

6. 项目文件的归档交接

《建设项目档案管理规范》7.4 条规定：

7.4.4　建设单位各部门形成的文件组卷完毕，经部门负责人审查合格后，向建设单位档案管理机构归档。

7.4.5　归档单位(部门)应按建设单位档案管理机构要求，编制交接清册（含交接手续、档案数量、案卷目录），双方清点无误后交接归档。

三、竣工图的编制

1. 竣工图的编制主体

《建设项目档案管理规范》7.2 条规定：

7.2.1.1　工程竣工时应编制竣工图，竣工图一般由施工单位负责编制。

7.2.1.11　建设单位应负责组织或委托有资质的单位编制项目总平面图和综合管线竣工图。

小贴士

也有行业规定由设计单位编制竣工图或建设单位、施工单位委托设计单位编制竣工图的情况。

2. 竣工图编制的原则和依据

《建设项目档案管理规范》7.2 条规定：

7.2.1.2　竣工图应完整、准确、规范、清晰、修改到位，真实反映项目竣工时的实际情况。

7.2.1.3　应将设计变更、工程联系单、技术核定单、洽商单、材料变更、会议纪要、备忘录、施工及质检记录等涉及变更的全部文件汇总后经监理审核，作为竣工图编制的依据。

7.2.1.4　竣工图应依据工程技术规范按单位工程、分部工程、专业编制，并配有竣工图编制说明和图纸目录。

竣工图编制说明的内容应包括：竣工图涉及的工程概况、编制单位、编制人员、编制时间、编制依据、编制方法、变更情况、竣工图张数和套数等。

7.2.1.10　同一建筑物、构筑物重复的标准图、通用图可不编入竣工图中，但应在图纸目录中列出图号，指明该图所在位置并在竣工图编制说明中注明；不同建筑物、构筑物应分别编制竣工图。

7.2.1.12　用施工图编制竣工图的，应使用新图纸，不得使用复印的白图编制竣工图。

7.2.1.13　竣工图章、竣工图审核章应使用红色印泥，盖在标题栏附近空白处。

7.2.1.14　竣工图应按 GB/T 10609.3—2009 规定统一折叠。

小贴士

7.2.1.14 提到的 GB/T 10609.3—2009 的标准名称为《技术制图复制图的折叠方法》，规定了图纸的折叠方法。图纸折叠方法也可以参见本手册第三章第六节“竣工图的整理”。

3. 编制竣工图的四种常见情况

《建设项目档案管理规范》7.2 条规定：

第一种情况：没有设计变更的

7.2.1.5　按施工图施工没有变更的，由竣工图编制单位在施工图上逐张加盖并签署竣工图章（式样见本册附件二）。

第二种情况：一般设计变更可在原图直接修改的

7.2.1.6　凡一般性图纸变更且能在原施工图上修改补充的，可直接在原图上修改，并加盖竣工图章。在修改处应注明修改依据文件的名称、编号和条款号，无法用图形、数据表达清楚的，应在图框内用文字说明。

第三种情况：需要重新绘制竣工图的

7.2.1.7　有下述情形之一的均应重新绘制竣工图：

a）涉及结构形式、工艺、平面布置、项目等重大改变；

b）图面变更面积超过 20%；

c）合同约定对所有变更均需重绘或变更面积超过合同约定比例。

重新绘制竣工图按原图编号，图号末尾加注“竣”字，或在新图标题栏内注明“竣工阶段”。重新绘制竣工图图幅、比例和文字大小及字体应与原图一致。

7.2.1.8　施工单位重新绘制的竣工图，标题栏应包含施工单位名称、图纸名称、编制人、审核人、图号、比例尺、编制日期等标识项，并逐张加盖监理单位相关责任人审核签字的竣工图审核章（式样见本册附件二）。

第四种情况：设计单位绘制竣工图的

7.2.1.9　行业规定设计单位编制或建设单位、施工单位委托设计单位编制竣工图，应在竣工图编制说明、图纸目录上和竣工图上逐张加盖并签署竣工图审核章。

（参考：李朝霞培训教材）

4. 竣工图的审核和签署

《建设项目档案管理规范》7.2 条规定：

7.2.2.1　竣工图编制完成后，监理单位应对竣工图编制的完整、准确、系统和规范情况进行审核。

7.2.2.2　竣工图章、竣工图审核章中的内容应填写齐全、清楚，应由相关责任人签字，不得代签；

经建设单位同意，可盖执业资格印章代替签字。

7.2.2.3　涉外项目，外方提供的竣工图应由外方相关责任人签字确认。

5. 竣工图套数

《建设项目档案管理规范》7.2 条规定：

7.2.3.1　竣工图套数应满足项目建设单位、运行管理单位、有关部门或项目主管单位的需要。

7.2.3.2　竣工图套数应按合同条款约定和有关规定执行。

小贴士

竣工图应至少编制两套，一套提供利用，一套封存保管。

四、项目档案管理

1. 项目档案的整理和鉴定

《建设项目档案管理规范》8.1、8.2 条规定：

8.1.1　建设单位应结合有关规定、行业特点和项目实际制定项目档案分类方案。档案分类方案应符合逻辑性、实用性、可扩展性的原则并保持相对稳定。

8.1.2　建设单位档案机构依据项目档案分类方案对全部项目档案进行统一汇总整理和排列上架。记录工程部位的音像档案，宜与该单位工程的纸质档案统一编号，与其他音像档案集中存放保管。

8.1.3　建设单位档案机构应编制项目档案案卷目录，并参照 DA/T 12—2012 的规定建立项目档案管理卷。

8.2.1　建设单位档案机构应依据保管期限表对档案进行价值鉴定，确定其保管期限，同一卷内有不同保管期限的文件时，该卷保管期限应从长。

8.2.2　项目档案保管期限分为永久和定期二种，定期一般分为 30 年和 10 年。

档案保管期限

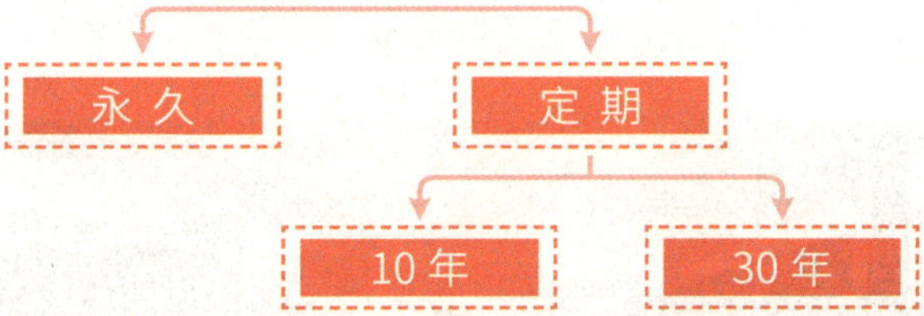

小贴士

项目档案管理卷是指档案管理机构在管理某一项目过程中形成的，包括项目概况、标段划分、参建单位归档情况说明、档案收集整理情况说明、交接清册等说明项目档案管理情况的有关材料组成的专门案卷。

8.1.3 中提到的 DA/T 12—2012 标准名称为《全宗卷规范》，全宗卷是由记录和说明全宗立档单位及档案历史和现状的有关文件材料组成的专门案卷，与项目档案管理卷的作用和形式基本相同。该标准规定了全宗卷的编制原则、内容构成、整理方法和基本格式。标准介绍详见附录三。

2. 项目档案的保管

《建设项目档案管理规范》8.3 条规定：

8.3.1　建设单位和参建单位应为项目档案的安全保管提供必要的设施设备，确保档案安全。

8.3.2　建设单位档案库房应符合防火、防盗、防水、防潮、防高温、防紫外线照射、防尘、防有害生物（霉、虫、鼠）的要求。档案管理机构应建立档案库房管理制度，加强日常库房管理。

3. 项目档案的利用

《建设项目档案管理规范》8.4 条规定：

8.4.1　建设单位应建立档案利用制度，对利用的范围、对象、审批办法等做出规定。

8.4.2　利用档案原件一般在阅览室查阅，并反馈利用效果。

8.4.3　建设单位档案管理机构应根据项目建设和运行管理的需要编制必要的编研材料，如专题文件汇编、项目大事记、常用图集、专题研究等。

4. 项目档案的统计

《建设项目档案管理规范》8.5 条规定：

8.5　建设单位档案管理机构应对档案接收、保管、利用等情况进行统计并建立统计台账。

五、项目电子文件归档和电子档案管理

1. 业务管理信息系统和档案管理信息系统的要求

《建设项目档案管理规范》9.1、9.2 条规定：

9.1.1　项目管理信息系统应当具备电子文件管理及归档功能，并能够对项目电子文件形成与流转实施有效控制，保障其真实、完整和安全；

能够在形成、流转过程中及时跟踪、检查和补充与项目设计、设备、材料、施工等变更相关的项目电子文件及其元数据。

9.2.3　建设单位应建立项目电子档案管理系统，管理项目全部电子档案，系统应具备接收登记、分类组织、鉴定处置、权限控制、检索利用、安全备份、统计打印、移交输出、系统管理等基本功能。

9.2.4　接入内部网的项目档案信息管理系统，应建立操作日志，通过身份认证、访问控制、信息完整性校验、防火墙、入侵检测等技术手段和管理方法确保档案数据得到有效保护，防止因偶然或恶意的原因使网络数据遭到破坏、更改、泄露，杜绝网络系统上的信息丢失、篡改、失泄密、系统破坏等事故发生。

2. 项目电子文件归档的范围和职责

《建设项目档案管理规范》9.1 条规定：

9.1.2　建设单位应当根据纸质文件归档范围，结合项目实际情况，确定项目电子文件归档范围。

9.1.3　项目电子文件形成部门负责电子文件的归档工作；档案管理机构负责项目电子文件归档的指导、协调和电子档案接收、保管、利用等工作。

小贴士

《建设项目档案管理规范》7.3.2.5 主要规定了纸质档案的组卷分类的一般原则，这部分内容详见本手册第三章第二节。

3. 项目电子文件的整理

《建设项目档案管理规范》9.1 条规定：

9.1.4　项目电子文件在办理完毕后，应当按照归档要求实时收集完整；

项目电子文件整理时，应当按照项目档案分类方案并参照 7.3.2.5 的规定分别组成多层级文件信息包，文件信息包应包含项目电子文件及过程信息、版本信息、背景信息等元数据。

4. 项目电子文件的鉴定和检测

《建设项目档案管理规范》9.1 条规定：

9.1.7　项目电子文件完成整理后，由形成部门负责对文件信息包进行鉴定和检测，包括内容是否齐全完整、格式是否符合要求、与纸质或其他载体文件内容的一致性等。

9.1.8　项目电子文件信息包经过形成部门鉴定和检测后，由相关责任人确认归档，赋予归档标识。归档标识中应当含有归档责任人、归档时间、文件信息包名称等信息。

5. 项目电子文件归档的总体要求

《建设项目档案管理规范》9.1 条规定：

9.1.5　项目电子文件归档一般采用物理归档。在纸质项目文件归档时采取在线归档或离线归档的方式向档案管理机构移交经过整理的项目电子文件，并在内容、格式、相关说明及描述上与纸质项目档案保持一致，且二者应建立关联。

9.1.11　项目电子文件归档时应由档案管理机构进行检验，并填写《电子文件归档登记表》（格式见本册附录），检验合格后，办理交接手续。

6. 离线归档存储介质要求

《建设项目档案管理规范》9.1 条规定：

9.1.9　采取离线方式归档时，应将带有归档标识的电子文件拷贝至耐久性好的存储介质上，存储介质应设置成禁止写入的状态。存储介质的选择依次为光盘、磁带、硬磁盘等。

9.1.10　存储电子档案的介质或装具上应贴有标签，标签上应注明载体序号、类别号、案卷起止号、密级、保管期限、存入日期等。存储介质为光盘的，归档标签应符合 DA/T 38 的规定。

小贴士

9.1.10 提到的 DA/T 38 标准名称为《电子文件归档光盘技术要求和应用规范》，规定了电子文件归档所用 CD-R/DVD±R 光盘的主要技术指标，光盘标签，光盘数据刻录及备份要求，性能检测、保存及使用要求，三级预警线设置及数据迁移策略。标准介绍可参见附录三。

7. 项目电子文件的归档格式

《建设项目档案管理规范》9.1 条规定：

9.1.6　项目电子文件应当采用符合国家标准或能够转换成符合国家标准的文件格式，利于信息共享和长期保存。项目电子文件归档保存的文件格式应符合国家规定的电子档案长期保存的格式要求。

9.1.12 图像电子文件、视频电子文件应主题突出、曝光准确、影像清晰。图像电子文件分辨率应达到300 dpi 以上，视频电子文件宜采用 200 万以上像素拍摄。

9.1.13 对反映同一内容的数码照片应选择有代表性的输出纸质照片。所选数码照片应主题鲜明，影像清晰、完整。

8. 项目电子档案的保管

《建设项目档案管理规范》9.2 条规定：

9.2.1 项目电子档案可参照纸质档案的分类方案进行整理。

9.2.2 项目电子档案的保管、有效性保证、鉴定和利用应符合 GB/T 18894—2016 的规定。

9.2.5 项目电子档案保存实行备份制度，重要电子档案应当异地异质备份。

9.2.6 在计算机软、硬件系统更新前或数据格式淘汰前，档案管理机构应将项目电子档案迁移到新的系统或进行格式转换，保证其真实、完整和在新环境中完全兼容。

9.2.7 项目电子档案失去保存价值后，应在履行销毁审批手续后，采取有效技术措施进行信息清除工作。属于保密范围的电子档案，其销毁应按国家保密法规实施。

小贴士

9.2.2 提到的 GB/T 18894—2016 标准名称为《电子文件归档与电子档案管理规范》，本标准规定了在公务活动中产生的，具有保存价值的电子文件的收集、整理、归档与电子档案的编目、管理与处置的一般方法。标准介绍可参见附录三。

9. 项目纸质档案的数字化加工

《建设项目档案管理规范》9.3 条规定：

9.3.1 数字化范围根据实际情况，可包含但不限于以下内容：项目立项、勘察设计、征地移民、合同协议、项目管理文件，重要隐蔽工程验收、缺陷处理文件、竣工图、单位工程验收、合同验收、竣工验收文件，重要设备文件等。

9.3.2 委托第三方进行数字化加工的建设项目，委托单位应与数字化加工单位签订保密协议，明确保密要求、责任及失泄密的处置措施。采取建立安防系统、加强数字化存储设备管理和数字化人员管理等措施，确保档案信息安全。

9.3.3 档案扫描、图像处理、图像存储、目录建库、数据挂接等应符合 DA/T 31—2017 的规定。

小贴士

9.3.3 提到的 DA/T31—2017 标准名称为《纸质档案数字化规范》本标准规定了数字化工作的基本环节及技术要求，对数字化成果验收的方法、验收内容和验收指标也做了说明。标准介绍可参见附录三。

六、项目档案移交

1. 项目档案移交的对象和时间

《建设项目档案管理规范》10.1 条规定：

10.1　竣工验收后，建设单位应按有关规定向运行管理单位及其他有关单位办理档案移交。

2. 项目档案移交的手续办理

《建设项目档案管理规范》10.2 条规定：

10.2　项目档案移交时，应办理项目档案移交手续，包括档案移交的内容、数量、图纸张数等，并有完备的清册、签字等交接手续。

3. 项目电子档案的移交

《建设项目档案管理规范》10.3 条规定:

10.3　项目电子档案的移交参照《电子档案移交与接收办法》的有关规定执行。

小贴士

《电子档案移交与接收办法》（档发〔2012〕7 号），规定了规范电子档案移交与接收工作有关要求，对于确保电子档案的真实、完整、可用和安全，保存党和国家历史记录，促进档案信息资源开发利用具有重要作用。标准介绍可见附录三。

4. 停、缓建项目档案的移交

《建设项目档案管理规范》10.4 条规定:

10.4　停、缓建的项目，档案由建设单位负责保存；

建设单位撤销的，项目档案应向项目主管部门或有关档案机构移交。

第二章

十步工作法

项目档案管理“十步工作法”依次为“科学构建工作机制、加强档案前端管控、强化文件源头控制、及时开展培训交底、专业完工随时收集、融入工程同时检查、关键环节飞行检查、转序竣工同步验收、合规归档电子文件、严格把关档案验收”。“十步工作法”相互之间没有严格的时间先后关系，实施主体也不尽相同，它是落实《建设项目档案管理规范》的一种实践，通过“科学构建工作机制”“加强档案前端管控”“融入工程同时检查”“转序竣工同步验收”，明确项目档案工作机制，实现档案管理融入项目建设管理全过程；通过“强化文件源头控制”“专业完工随时收集”，加强项目文件的节点控制，实现档案管理融入项目文件流转全过程；通过“及时开展培训交底”“关键环节飞行检查”“严格把关档案验收”，加强项目档案业务的指导、检查和把关，让参建单位明白项目档案工作是什么，为什么，怎么做；通过“合规归档电子文件”，做好项目电子文件的形成、收集、管理和归档，更好适应建设项目档案的信息化管理。

第一节 科学构建工作机制

科学构建工作机制是指建设单位根据项目特点和建设管理模式，建立项目档案管理组织体系，划分各方职责任务，制定项目档案沟通、协调和联动工作机制，形成档案管理与建设管理融合互动的运作模式。项目文件由项目建设各种活动直接形成，项目档案记录了项目建设全过程，档案管理和建设管理密不可分，因此做好项目档案管理的重点和前提是融入建设和专业协同，引导参建各方树立“管业务必须管档案”的意识，做到项目档案工作信息共享、工作联动、考核协同。

一、明确各方工作界面

构建项目档案工作机制首先是要明确工作界面和各方职责。

项目档案工作组织和职责任务应参照《建设项目档案管理规范》的要求执行。

建设单位

要对项目档案工作负总责，对项目档案工作实行统一管理。

建设单位档案管理机构

做好项目档案的制度建设、培训指导、审查和接收等工作，做好项目档案的全过程管控。

建设单位工程管理相关部门和参建单位

要做好各自项目文件的收集和审查、归档，并将档案管理纳入建设管理。

示例

在“官亭500千伏输变电工程”项目档案管理中，国网山东省电力公司构建了各专业融合互动的项目档案工作管理运作机制，形成了档案部门业务指导、建设部门考核督导、建管单位全程管控、专业部室主动配合、参建单位各负其责的项目档案管理网络。

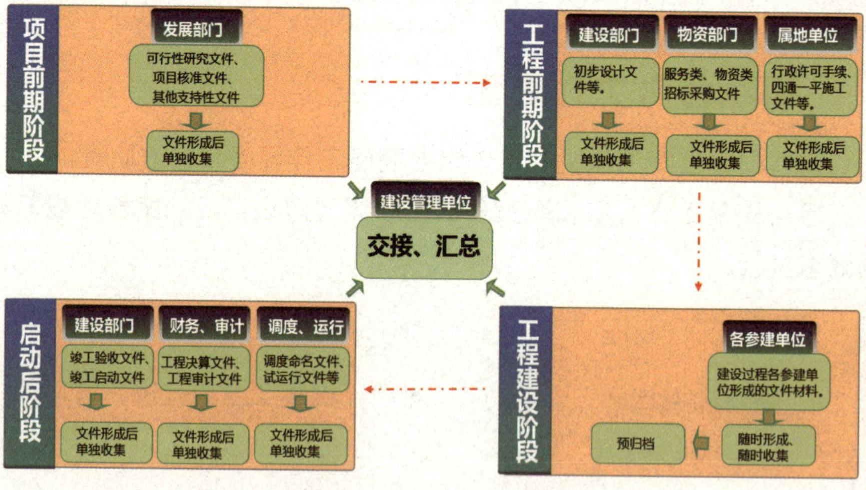

二、建立联动考核机制

建设单位

将项目档案的形成、流转、处理、收集、交接、归档等工作要求纳入相关部门、单位的岗位责任制，将项目档案完整性、系统性、准确性以及归档及时性等指标纳入本单位考核体系。

建设单位工程管理相关部门

将项目归档工作完成情况纳入参建单位合同履约评价考核和进度款支付，并将档案质量情况纳入参建单位奖惩制度。

建设单位档案管理机构

参加项目启动委员会，项目档案质量不合格不同意项目投产。

示例

国网山东省电力公司将项目文件的形成以及项目档案的移交等指标纳入了建设管理单位的年度关键业绩指标考核体系中，从源头上保障了项目档案的高质量移交。

序号	指标名称	评价项目	定义或计算公式	评价标准	分值	报送周期	评价部门
7		工程信息及资料管理	考核特高压及超高压工程信息及资料管理	根据以下因素加减分，最多加0.9分，最多减至0分： 一、加分项 1. 工程资料与工程建设同步形成，工程投运后按期、高质量完成档案移交，每项工程加0.1分。 二、扣分项 1. 各类工程信息、报表填报不及时、不准确、不规范，每次减0.1分；受到国网公司、省公司通报批评的，每次减0.2分。 2. 各类需上报的管理策划文件、工程技术方案，上报不及时、不准确、不规范，每次减0.1分；受到国网公司、省公司通报批评的，每次减0.2分。 3. 建设过程的各项检查活动中，工程资料整理不齐全、不及时、不规范、不准确的，每次减0.1分。 4. 按照档案移交工作要求及标准，工程档案移交不齐全、不及时、不规范、不准确的，每次减0.1分；受到国网公司、省公司通报批评的，每次减0.3分。	3	季度	

国网山东建设公司企业负责人关键业绩考核项目档案工作考核指标

三、建立信息共享机制

建设单位

建立项目档案工作日报、周报或月报等制度，或纳入项目建设日报、周报、月报制度，定期报送有关领导和部门。

建设单位档案管理机构和工程管理相关部门

相互通报项目建设关键节点计划、项目档案归档计划，确保档案工作和项目建设协同推进。

建设单位工程管理相关部门

将档案工作信息有机融合到建设管理信息与服务平台，实现项目档案信息实时共享。

示例

在“官亭500千伏输变电工程”建设过程中，经过国网山东电力档案部门和建设部门的多次沟通协调，逐步固化了《官亭500千伏输变电工程项目档案示范管理工作周报》报送机制，在反映建设管理单位和参建单位项目档案工作信息、协调促进项目档案管理等方面起到了积极作用。

官亭 500 千伏输变电工程
项目档案示范管理工作周报

业主项目部　　第 17 期　　2018 年 11 月 22 日

本周工作进展

一、工程建设

变电站四通一平工程，围墙挡土墙浇筑完成 465.86 米；条基完成 551.72 米；围墙圈梁累计完成 380 米；排水沟累计完成 460 米；西侧围墙回填 100%，北侧及南侧回填 100%；开挖未回填部分持续降水；浇筑大门北东侧挡土墙基槽垫层。

线路工程已协调 73 基，进场 57 基，已完成 46 基。目前钢筋到货 1005.62 吨，地脚螺栓到货 1040 套，插入角钢到货 348 套，接地钢筋到货 15.1 吨，钢筋加工完成 144 基。

变电工程正在搭设临建，预计 11 月完成变电项目部建设。

二、档案收集

（一）业主项目部

序号	文件材料清单
1	工地例会会议纪要
2	
累计情况	目前完成前期文件、档案收集计划、建设管理纲要、线路开工报审、会议纪要等文件的收集

1

收集。

5. 四通一平正在加快施工进度，进行围墙、站外道路施工。

下周工作计划

一、档案收集

（一）业主项目部

序号	文件材料清单
1	变电土建施工图会审及交底会议纪要

（二）监理项目部

序号	变电工程	线路工程	四通一平
1	无	无	监理会议纪要
2			监理日志

（三）施工项目部

序号	变电工程	线路工程	四通一平
1		混凝土进场报审	收集混凝土开盘记录、混凝土试件等试验报告，场平施工过程资料
2		钢筋进场报审	
3		旁站/隐蔽验收告知单	
4		普通基础和拉线基础分坑及开挖检查记录表	
5		隐蔽工程（浇制前）签证记录表	
6		隐蔽工程（浇制）	

4

《官亭 500 千伏输变电工程项目档案示范管理工作周报》

四、建立定期协调机制

建设单位

定期组织项目档案工作协调会或将项目档案工作纳入工程例会，统一安排项目文件收集、归档等方面工作，协调解决项目档案工作遇到的重要问题。

建设单位档案管理机构和工程管理相关部门

建设单位档案管理机构和工程管理相关部门、参建单位均应参会。

示例

在“官亭500千伏输变电工程”建设过程中，国网山东电力每月固定召开项目档案工作例会，及时协调解决项目档案工作遇到的问题，确保相关工作要求落实执行到位。

“官亭500千伏输变电工程”项目档案管理推进会现场

示例

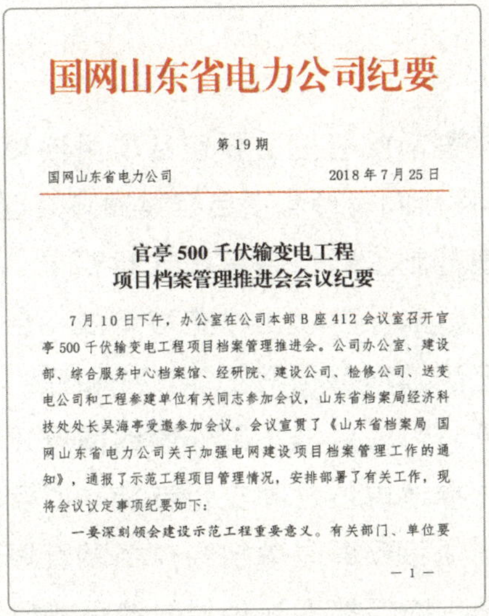

国网山东省电力公司纪要

第 19 期

国网山东省电力公司　　2018 年 7 月 25 日

官亭 500 千伏输变电工程
项目档案管理推进会会议纪要

7 月 10 日下午，办公室在公司本部 B 座 412 会议室召开官亭 500 千伏输变电工程项目档案管理推进会。公司办公室、建设部、综合服务中心档案馆、经研院、建设公司、检修公司、送变电公司和工程参建单位有关同志参加会议，山东省档案局经济科技处处长吴海亭受邀参加会议。会议宣贯了《山东省档案局 国网山东省电力公司关于加强电网建设项目档案管理工作的通知》，通报了示范工程项目管理情况，安排部署了有关工作，现将会议议定事项纪要如下：

一要深刻领会建设示范工程重要意义。有关部门、单位要

— 1 —

《官亭 500 千伏输变电工程项目档案管理推进会会议纪要》

第一次工地例会暨项目档案示范管理工作 2018 年 8 月例会现场

第二节 加强档案前端管控

项目档案前端管控主要包括项目档案规范制度建设、项目档案合同管理和项目档案预算管理三个方面。项目档案规范制度要符合有关规章要求，也要结合项目实际情况，确保各项工作有章可依。合同管理是在合同条款里明确项目档案工作责任和违约责任，在合同履约评价时对项目档案工作履约情况进行考核，将归档质量与参建单位合同支付挂钩。项目档案预算管理是在编制项目预算时单独列支档案管理费或明确档案预算标准，确保档案设备材料的采购以及相关工作的开展有必要资金支持。

一、建立完善的管理规定和整理规范

在建立项目档案规范制度体系时，应将其定位为项目档案工作的管理依据、行为准则和工作教材，具体参照《建设项目档案管理规范》执行。

从主体上看

建设单位要根据自身实际情况和有关规章制度的要求制定项目档案制度规范体系，参建单位要根据建设单位的制度和要求制定自身的项目档案制度规范。

从流程上看

制度规范体系要覆盖项目文件和项目档案两个阶段，项目文件阶段的制度规范要明确文件的类型、内容、形成、流转、收集、审查、归档等方面的标准，项目档案阶段的制度规范要明确档案的范围、组卷、保管等方面的要求。

从内容上看

既要有操作层面的整理规范，也要有宏观层面的管理办法，整理规范应包括文件和档案的整理操作流程标准，管理办法应包括项目档案工作目标、工作原则、组织机构、工作机制、考核措施等。

示例

国家电网公司根据《建设项目档案管理规范》和电网建设项目档案管理的特点，研究印发了《电网建设项目档案整理规范》《国家电网有限公司电网建设项目档案管理办法》《国家电网有限公司电网建设项目档案验收办法》，从管理层面和整理层面对项目档案管理进行了全面规定。

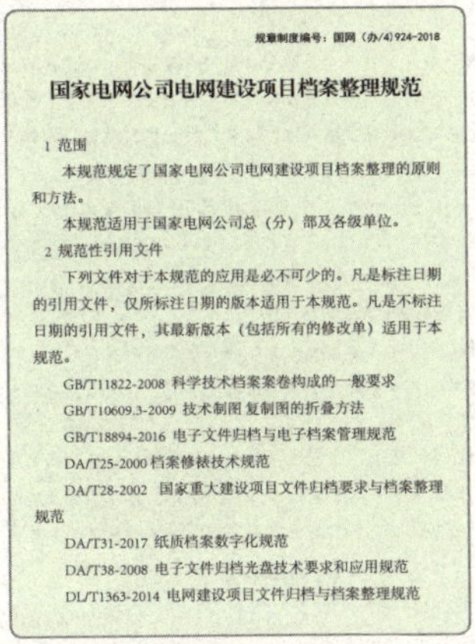
规章制度编号：国网（办/4）924-2018

国家电网公司电网建设项目档案整理规范

1 范围

本规范规定了国家电网公司电网建设项目档案整理的原则和方法。

本规范适用于国家电网公司总（分）部及各级单位。

2 规范性引用文件

下列文件对于本规范的应用是必不可少的。凡是标注日期的引用文件，仅所标注日期的版本适用于本规范。凡是不标注日期的引用文件，其最新版本（包括所有的修改单）适用于本规范。

GB/T11822-2008 科学技术档案案卷构成的一般要求

GB/T10609.3-2009 技术制图 复制图的折叠方法

GB/T18894-2016 电子文件归档与电子档案管理规范

DA/T25-2000 档案修裱技术规范

DA/T28-2002 国家重大建设项目文件归档要求与档案整理规范

DA/T31-2017 纸质档案数字化规范

DA/T38-2008 电子文件归档光盘技术要求和应用规范

DL/T1363-2014 电网建设项目文件归档与档案整理规范

《国家电网公司电网建设项目档案整理规范》

示例

规章制度编号：国网（办/4）571-2018

国家电网有限公司
电网建设项目档案管理办法

第一章 总 则

第一条 为加快推进国家电网有限公司电网建设项目档案管理的标准化和规范化工作，确保电网建设项目档案的完整、准确、系统、规范、安全和有效利用，根据《中华人民共和国档案法》《建设项目档案管理规范》（DA/T28-2018）、《重大建设项目档案验收办法》（档发〔2006〕2号）、《建设项目电子文件归档和电子档案管理暂行办法》（档发〔2016〕11号）和《国家电网公司档案管理办法》（国网(办/2)417-2014），结合公司电网建设项目档案管理实际，制定本办法。

第二条 本办法所称电网建设项目档案（以下简称项目档案）是指电网建设项目在立项、招标、勘测、设计、设备材料采购、施工、监理、调试、竣工验收及试运行全过程中形成的经过鉴定、整理并归档的文字、图表、音像、实物等形式的项目文件。

第三条 公司项目档案业务上接受上级主管部门和档案行政管理部门的监督和指导，实行全员、全过程、全方位管理，

《国家电网有限公司电网建设项目档案管理办法》

规章制度编号：国网（办/4）947-2018

国家电网有限公司
电网建设项目档案验收办法

第一章 总 则

第一条 为进一步加强国家电网有限公司电网建设项目档案工作，规范公司电网建设项目档案验收（以下简称项目档案验收）程序和标准，确保电网建设项目档案的完整、准确、系统和安全，依据国家档案局《重大建设项目档案验收办法》（档发〔2006〕2号）、《建设项目档案监督指导工作指南》（档发〔2016〕15号）、《建设项目档案管理规范》（DA/T28-2018）和《建设项目电子文件归档和电子档案管理暂行办法》（档发〔2016〕11号），结合公司实际，制定本办法。

第二条 项目档案验收是电网项目建设的重要环节。未经档案验收或档案验收不合格的项目，不得参加优质工程项目评定。

第三条 验收中发现因项目档案管理不到位造成档案丢失损毁、涉密信息失密的，由验收组织单位提请上级档案机构进行调查核实，情况属实的要对项目责任主体通报批评，并依法依规追究有关机构及人员的责任。

《国家电网有限公司电网建设项目档案验收办法》

示例

国网山东省电力公司建设公司在示范工程开工前编制了《官亭 500 千伏输变电工程档案管理办法》，《办法》分为六个章节共三十三条，内容涵盖了官亭工程项目档案工作总则、管理目标和基本原则、职责分工和组织机构、档案管理要求、档案验收和移交、档案管理考核等。

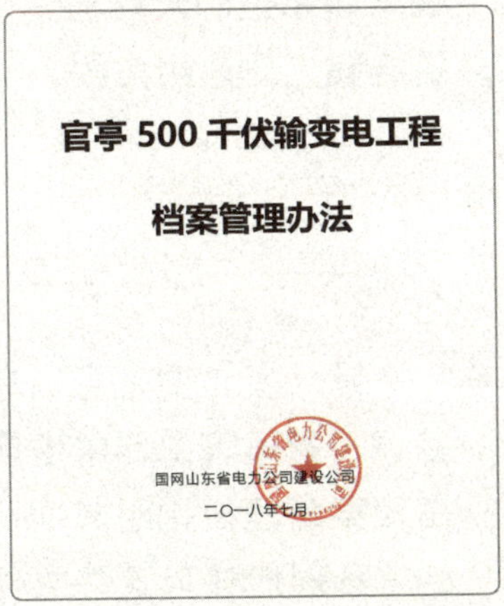

官亭 500 千伏输变电工程

档案管理办法

国网山东省电力公司建设公司

二〇一八年七月

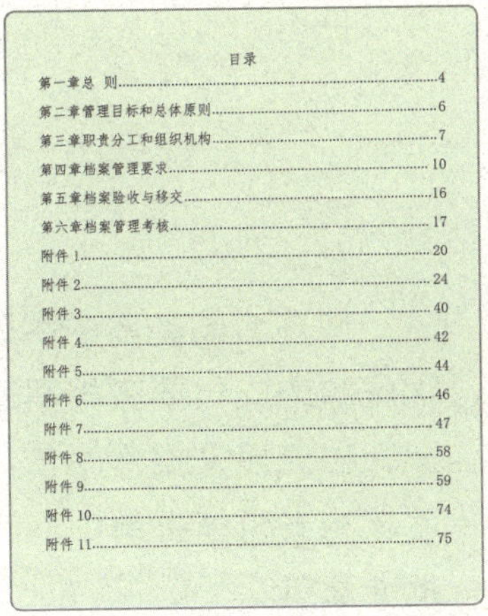

目录

《官亭 500 千伏输变电工程档案管理办法》

二、项目档案合同管理

条款设置方面

建设单位编制招标文件、与参建单位签订合同、协议时应设立专门章节或条款明确归档质量、时间、数量、范围等，明确参建单位的项目档案管理责任，明确项目档案工作违约条款。

履约考核方面

建设单位要注意留存项目档案检查、验收、管理等工作中形成的文件材料，并由档案管理机构组成项目档案管理卷，履约考核时应该以这些文件资料为证据开展考核评价。

合同支付方面

应在合同条款中明确合同进度款或工程尾款的支付要有档案管理机构提供的档案归档交接文据作为依据，进度款和工程尾款的支付审批单中应该有档案管理机构批准意见。

三、项目档案预算管理

费用来源

一般来说，各行业预算管理规定中普遍未单独列支项目档案管理费项目，但工程档案管理发生费用可以在“项目法人管理费”中支取。项目档案管理费用预算应根据各行业预算管理规定纳入工程预算。

主要用途

项目档案预算是开展项目档案各项工作的一项重要保障，主要用于档案装具和加工材料的购买、档案设施设备的购置、项目档案各项工作活动的开展、项目档案的数字化加工和组卷整理等。

示例

项目法人管理费是指项目管理单位在项目管理工作中发生的机构开办费及日常管理性费用，其内容包括：

（1）项目管理机构开办费。包括相关手续的申办费，必要办公家具、生活家具、办公用具和交通工具的购置费用。

（2）项目管理工作经费。包括工作人员的基本工资、工资性补贴、辅助工资、职工福利费、劳动保护费、社会保险费、住房公积金、日常办公费用、差旅交通费、固定资产使用费、工具用具使用费、技术图书资料费、工程档案管理费、水电费、教育及工会经费、工程审计费、合同订立与公证费、法律顾问费、咨询费、会议费、业务接待费、消防治安费、采暖及防暑降温费、印花税、房产税、车船税、车辆保险及运检费、设备材料的催交及验货费、工程主要材料监造费、建设项目劳动安全验收评价费、工程项目竣工的清理费及验收费等。

《电网工程建设预算编制与计算规定使用指南》中对项目档案管理费用的相关规定

第三节 强化文件源头控制

项目文件的源头控制是指项目档案的管理从项目文件形成开始介入，跟踪项目文件的流转，文件流转结束后及时收集归档。工程管理相关部门和参建单位要根据归档范围结合自身工作内容，超前梳理项目关键节点形成的项目文件清单，合理编制项目文件收集计划，实现项目文件清单式收集。由于项目档案的来源相对复杂，建设单位工程管理相关部门和参建单位应安排专人负责跟踪项目文件的形成和流转，建设单位要根据项目文件来源确定文件收集责任，并建立项目文件收集协调和考核机制。

一、编制项目文件清单和收集计划

项目文件清单和收集计划应针对项目建设不同阶段和不同主体分别编制，可以分为前期阶段、建设阶段和竣工阶段。

前期阶段

前期阶段项目文件清单和收集计划应该由建设单位、设计单位在前期工作开展前完成编制，主要有立项文件、招投标文件、合同协议文件、勘察设计文件、征地、拆迁、移民文件等。

建设阶段

建设阶段项目文件清单和收集计划应该由各参建单位在开工前完成编制，主要有项目管理文件、施工文件、设备文件、监理文件、系统开发文件、设备文件、科研项目文件等。

竣工阶段

竣工阶段项目文件清单和收集计划应该由建设单位或运行单位在竣工前完成编制，主要有生产技术准备、试运行文件、竣工验收文件等。

项目文件清单和收集计划中应明确项目文件的形成主体和收集时间。项目文件形成主体即项目管理活动的主体，可以结合项目管理活动预算列支主体来判定；项目文件收集时间应根据项目文件形成的时间和办结的周期确定。

示例

“官亭 500 千伏输变电工程”建设管理单位和有关参建单位及时编制了《项目文件清单和收集计划》，明确了项目建设各关键节点应该收集归档的项目文件范围，对做好项目档案的过程管理具有重要作用。

示例

文件材料清单及收集计划

（施工技术文件）

工程单位	分部工程	文件材料清单	计划收集日期	备注
官亭500kV输电线路工程	土石方工程	1.土石方分部工程开工报审	2018-12-31	
		2.路径复测报审表		
		3.路径复测记录表		
		4.普通基础分坑及开挖检查记录表		
	基础工程	5.基础分部工程开工报审	2018-12-31	
		6.现浇铁塔基础检查评级记录		
		7.灌注桩基础检查及评定记录表（线基6-1）		
		8.灌注桩基础检查及评定记录表（线基6-2）		
		9.灌注桩基础检查及评定记录表（线基6-3）		
		10.隐蔽工程（基础浇前、支模）签证记录表		
		11.隐蔽工程（基础浇制）签证记录		
		12.隐蔽工程（基础拆模）签证记录		
		13.混凝土进场报审		
		14.乙供材料进场报审，插入角钢、地脚螺栓、钢筋连接套、电焊条等产品合格证及出厂证明		
		15.钢筋进场报审及跟踪记录		
		16.地脚螺栓跟踪发放管理记录		
		17.试品/试件试验报告报审表（混凝土配合比检验报告）		
		18.试品/试件试验报告报审表（水泥物理性能检测报告）		
		19.试品/试件试验报告报审表（普通混凝土用砂、用碎石检测报告）		
		20.试品/试件试验报告报审表（外加剂检测报告）		
		21.试品/试件试验报告报审表（水检测报告）		
		22.试品/试件试验报告报审表（粉煤灰检测报告）		
		23.试品/试件试验报告报审表（混凝土试件抗压强度检测报告）		
		24.混凝土试块抗压强度汇总		
		25.试品/试件试验报告报审表（钢筋焊接检验报告）		
		26.试品/试件试验报告报审表（钢筋机械连接检验报告）		
		27.试品/试件试验报告报审表（灌注桩检测报告）		
	……	……	……	

项目文件清单及收集计划

二、项目文件源头控制的保障措施

纳入工程协调机制

项目文件流转的过程就是项目管理的过程，一方出现问题另一方必然也会不通畅，因此应将项目文件的收集纳入项目管理总体协调机制。

纳入工程计划管理

项目文件收集计划要与工程建设计划同时检查、汇报、调整和部署。

落实责任加强考核

项目文件收集单位应留存项目文件交接手续，相关部门和单位无正当理由拒不交接重要文件或不移交自身形成的应归档文件，且经建设单位协调无果的，应予以工作考核。

示例

国网山东省电力公司研究制定了文件材料源头控制机制，并在“官亭500千伏输变电工程”试点实行，该机制主要以实现文件材料清单式收集为目的，明确了项目文件收集流程、标准、职责、协调等方面要求。

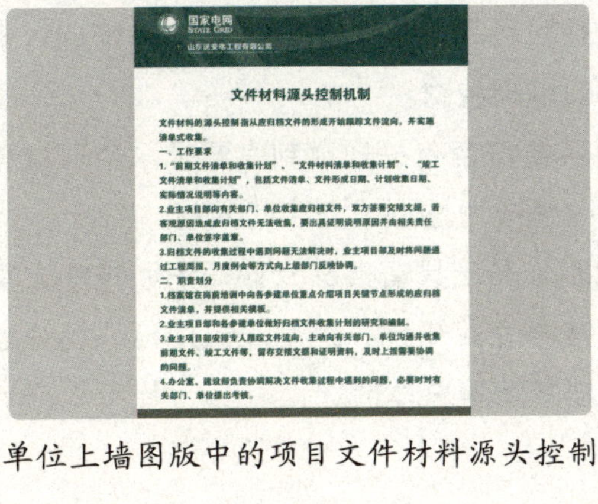

国家电网 STATE GRID
山东送变电工程有限公司

文件材料源头控制机制

文件材料的源头控制指从应归档文件的形成开始跟踪文件流向，并实施清单式收集。

一、工作要求

1.“前期文件清单和收集计划”、“文件材料清单和收集计划”、“竣工文件清单和收集计划”，包括文件清单、文件形成日期、计划收集日期、实际情况说明等内容。

2.业主项目部向有关部门、单位收集应归档文件，双方签署交接文据。若客观原因造成应归档文件无法收集，要出具证明说明原因并由相关责任部门、单位签字盖章。

3.归档文件的收集过程中遇到问题无法解决时，业主项目部及时将问题通过工程周报、月度例会等方式向上级部门反映协调。

二、职责划分

1.档案馆在岗前培训中向各参建单位重点介绍项目关键节点形成的应归档文件清单，并提供相关模板。

2.业主项目部和各参建单位做好归档文件收集计划的研究和编制。

3.业主项目部安排专人跟踪文件流向，主动向有关部门、单位沟通并收集前期文件、竣工文件等，留存交接文据和证明资料，及时上报需要协调的问题。

4.办公室、建设部负责协调解决文件收集过程中遇到的问题，必要时对有关部门、单位提出考核。

施工单位上墙图版中的项目文件材料源头控制机制

第四节 及时开展培训交底

及时开展培训交底是指建设单位档案管理机构要在开工前对参建单位及时组织档案业务培训或技术交底，明确档案管理机制和方法，以及档案操作流程和整理标准。在紧张繁重的建设任务中，项目档案培训和指导不到位，容易造成建设现场工作人员对项目档案工作标准缺乏系统性认识，导致参建单位归档意识薄弱，不能实行科学有效的管控措施，项目档案的最终质量得不到保障。因此做好项目档案业务培训是做好项目档案管理的必要一步。

一、科学编制培训教材

教材的编制要本着尽量提供项目档案工作模板的原则，让具体工作人员把精力用在执行和落实上，针对不同的培训对象和项目建设阶段也要编制不同的培训教材。

培训教材内容要符合有关规章制度要求，也可以将项目档案的制度规范体系整体改编成为培训或交底的教材。

培训教材编制人员应具备档案专业知识和技能，掌握一定的项目管理和相关工程技术专业知识，经常深入建设现场开展指导和调研，了解本单位项目档案管理总体情况。

示例

国网山东省电力公司遵循有关规章制度要求结合电网建设项目的特点编制了《国网山东省电力公司电网建设项目档案业务培训》的课件。课件深入剖析了项目档案管理薄弱环节，梳理介绍了重要项目文件 243 项，明确了项目档案质量标准和归档流程，系统全面地介绍了做好电网建设项目档案全过程管理的工作方法和标准。

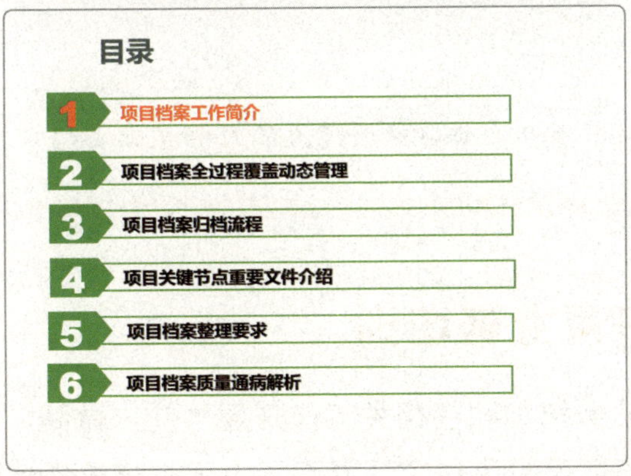

国网山东省电力公司电网建设项目档案业务培训课件

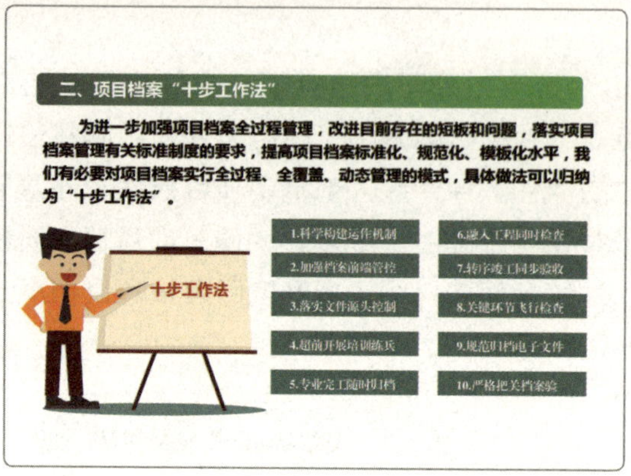

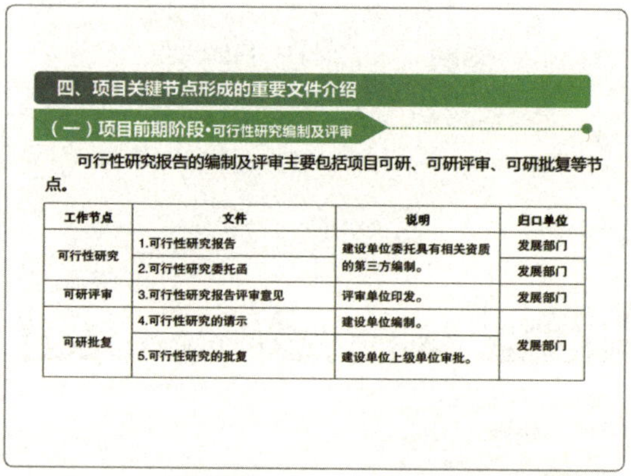
四、项目关键节点形成的重要文件介绍

（一）项目前期阶段·可行性研究编制及评审

可行性研究报告的编制及评审主要包括项目可研、可研评审、可研批复等节点。

工作节点	文件	说明	归口单位
可行性研究	1.可行性研究报告	建设单位委托具有相关资质的第三方编制。	发展部门
	2.可行性研究委托函		发展部门
可研评审	3.可行性研究报告评审意见	评审单位印发。	发展部门
可研批复	4.可行性研究的请示	建设单位编制。	发展部门
	5.可行性研究的批复	建设单位上级单位审批。	

国网山东省电力公司电网建设项目档案业务培训课件

二、精准开展业务培训

项目档案业务培训要在相关工作开展之前，做到"因类施教"，针对不同岗位和项目阶段对应开展不同内容和侧重的档案业务培训。

项目立项后对建设单位工程管理相关部门开展关于档案前端管理和前期文件收集的培训，招标结束后开工前对参建单位开展关于档案过程管理和项目文件收集的培训，项目文件归档前对项目文件形成单位开展档案整理组卷和移交归档的培训。

针对建设单位工程管理相关部门和参建单位的负责人、管理人员等开展侧重项目档案管理的培训，针对文书、资料员、档案员等基层岗位人员开展侧重项目档案整理的培训。

示例

“官亭500千伏输变电工程”开工前，国网山东省电力公司档案馆组织各参建单位开展了项目档案业务培训和技术交底，让各参建单位明确了档案管理要求和整理标准，取得了良好效果。

项目档案业务培训暨交底会议现场

三、及时组织技术交底

项目开工前建设单位组织项目档案技术交底。技术交底侧重项目档案工作流程和整理标准，参与交底的参建单位工作人员需签字确认各项要求，交底应作为考核和检查的依据。

交底的条款设置应遵循相关规章制度要求，并结合本单位项目档案管理过程中遇到的问题。交底的内容一定要简单明确，规章制度中没有具体要求的要在交底内容中提出具体要求，不能模棱两可。

建设单位应对参建单位进行档案业务技术交底，参建单位要对分包单位或未参加交底的其他人员再次进行交底，确保项目档案要求贯彻到底。

示例

“官亭500千伏输变电工程”档案业务技术交底侧重整列和操作层面，主要包括项目档案工作依据、档案总体要求和整理流程、档案收集、分类和保管期限划分、档案组卷、项目档案管理卷、案卷和文件排列、编号、装订、编目、排架、声像档案归档、竣工图归档、电子文件归档等内容。

项目档案技术交底记录

时间：2018年7月18日　　　　　　编号：

工程名称	官亭500千伏输变电工程	建管单位	国网山东建设公司
监理单位	山东联诚工程建设监理有限公司	施工单位	山东送变电工程有限公司
设计单位	山东电力工程咨询院有限公司	其他单位	山东潍坊五洲电气股份有限公司
交底内容	档案组卷		

技术标准

一、组卷方法

1.前期文件、竣工文件、项目档案管理卷等管理性文件，应按阶段、问题，结合来源、时间组卷。

2.竣工图按专业组卷，宜保持设计单位的原卷册形式。设计变更文件应按专业、时间组卷。

3.施工文件区分单项工程、单位工程或装置、阶段、结构、专业组卷。按照开工报审文件、质量验评文件、施工记录、原材料质量证明文件、试验文件等顺序进行组卷。

4.监理文件区分专业，结合施工技术管理、工程管理顺序和时间、文种等特征，按照施工技术管理、工程管理、设计监理、水保监理、环保监理、施工监理、工程初检、中间验收文件等组卷。

5.调试文件，应按阶段、专业组卷。

6.质量监督文件，应按阶段组卷。

7.原材料质量证明文件，应按种类及进货时间组卷。

各方签字（表格不足可签在本页空白处）

单位、职务	姓名	单位、职务	姓名
[illegible]	[illegible]	[illegible]	[illegible]
[illegible]	[illegible]	[illegible]	[illegible]
[illegible]	[illegible]	[illegible]	[illegible]
[illegible]	[illegible]	[illegible]	[illegible]
[illegible]	[illegible]	山东送变电	[illegible]
[illegible]	[illegible]		

第2页，共3页

项目档案技术交底记录

第五节 专业完工随时收集

专业完工随时收集是指在项目建设过程中建立项目文件随时形成、及时归档的“预立卷”制度。预立卷主要是指建设单位工程管理相关部门和参建单位在项目文件形成并办结后，立即对项目文件进行收集并预分类、预排列、预编号、预编目的过程。实行项目文件预立卷制度既是《建设项目档案管理规范》的基本要求，也是做好项目建设的重要基础工作，既为开展项目档案的全过程管理提供了一个关键抓手，又为项目文件的及时归档提供了保障。

一、预立卷的工作责任

根据“谁形成、谁整理”的原则，预立卷的主体责任在项目文件形成单位，主要包括建设单位工程管理相关部门和参建单位。

建设单位

在项目档案制度规范中明确规定预立卷的要求，将预立卷纳入各项建设管理工作中。

建设单位档案管理机构

加强对建设单位工程管理相关部门和参建单位预立卷的监督和检查，审查参建单位制定的项目文件归档制度规范中关于预立卷的要求。

建设单位工程管理相关部门

安排专人做好自身形成项目文件的预立卷，同时向参建单位提出预立卷规范性要求，将预立卷的进度、质量、安全纳入工程各项检查和审查中。

参建单位

安排专人做好各自形成的项目文件的预立卷，并制定适应自身业务范围的项目文件预立卷制度。监理单位负责审查所监理项目的预立卷进度、质量和安全。

示例

国网山东省电力公司根据有关要求，制定了项目文件预立卷制度，首先在“官亭 500 千伏输变电工程”试点实行，并组织参建单位将预立卷制度的主要内容制作成上墙图版。自从预立卷制度实施以来，项目文件收集、归档效率得到了较大提高，项目文件的完整、系统和准确得到了更好保障。

示例

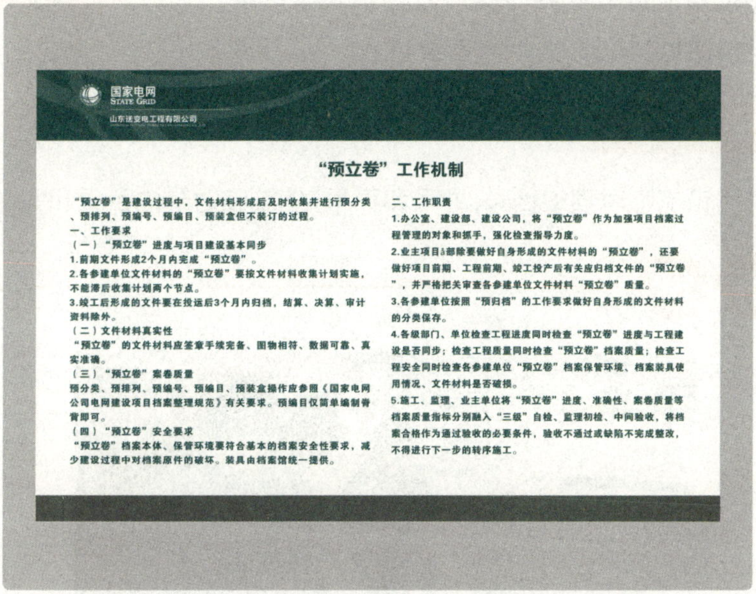
国家电网
STATE GRID
山东送变电工程有限公司

"预立卷"工作机制

"预立卷"是建设过程中，文件材料形成后及时收集并进行预分类、预排列、预编号、预编目、预装盒但不装订的过程。

一、工作要求

（一）"预立卷"进度与项目建设基本同步

1.前期文件形成2个月内完成"预立卷"。

2.各参建单位文件材料的"预立卷"要按文件材料收集计划实施，不能滞后收集计划两个节点。

3.竣工后形成的文件要在投运后3个月内归档，结算、决算、审计资料除外。

（二）文件材料真实性

"预立卷"的文件材料应签章手续完备、图物相符、数据可靠、真实准确。

（三）"预立卷"案卷质量

预分类、预排列、预编号、预编目、预装盒操作应参照《国家电网公司电网建设项目档案整理规范》有关要求。预编目仅简单编制脊背即可。

（四）"预立卷"安全要求

"预立卷"档案本体、保管环境要符合基本的档案安全性要求，减少建设过程中对档案原件的破坏。装具由档案馆统一提供。

二、工作职责

1.办公室、建设部、建设公司，将"预立卷"作为加强项目档案过程管理的对象和抓手，强化检查指导力度。

2.业主项目部除要做好自身形成的文件材料的"预立卷"，还要做好项目前期、工程前期、竣工投产后有关应归档文件的"预立卷"，并严格把关审查各参建单位文件材料"预立卷"质量。

3.各参建单位按照"预归档"的工作要求做好自身形成的文件材料的分类保存。

4.各级部门、单位检查工程进度同时检查"预立卷"进度与工程建设是否同步；检查工程质量同时检查"预立卷"档案质量；检查工程安全同时检查各参建单位"预立卷"档案保管环境、档案装具使用情况、文件材料是否破损。

5.施工、监理、业主单位将"预立卷"进度、准确性、案卷质量等档案质量指标分别融入"三级"自检、监理初检、中间验收，将档案合格作为通过验收的必要条件，验收不通过或缺陷不完成整改，不得进行下一步的转序施工。

施工单位上墙图版中的"预立卷"工作机制

二、预立卷的主要程序

预立卷，可以分为内容鉴定、设置卷盒、集中文件、案卷整理四个步骤。

1 内容鉴定

鉴定文件是否办结、归档价值、保管期限、密级等。

2 设置卷盒

根据项目档案分类方案设置临时卷盒，并在卷盒封面和脊背上抄写类目名称和类目号等。一般来说，一个卷盒最多对应一个类目。

3 集中文件

将项目文件收集并分类放置在不同卷盒中，随时对项目文件按照有关要求加以排列。文件可不装订。

4 案卷整理

使用铅笔临时预编档号、件号和页号，编制临时卷内目录和案卷目录。

示例

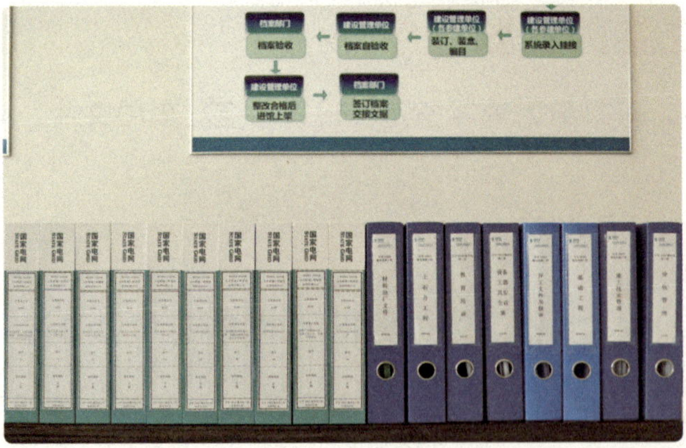

“官亭 500 千伏输变电工程”部分参建单位的预归档卷盒设置

三、预立卷的工作标准

完整性

项目文件的预立卷进度应该与项目建设进度基本同步，最多不能落后项目建设进度两个施工节点。

准确性

施工技术文件符合规章制度要求，项目文件签章手续完备、图物相符、数据可靠、真实准确。

系统性

文件内容前后对应，反映同一问题的项目文件排列规范，临时卷盒类目设置合理。

规范性

临时卷盒整齐划一，项目文件的预立卷符合项目文件收集整理的标准规定、基本原则和一般规律。

安全性

卷盒质量合格，保管环境安全，项目文件立卷和使用过程中不发生破损、丢失，涉密文件内容不泄密。

第六节 融入工程同时检查

融入工程同时检查是指建设单位在开展工程检查时对项目文件预立卷的完整性、系统性、准确性、规范性、安全性同步进行检查，建设单位档案管理机构宜参与工程检查活动，预立卷问题与工程缺陷同步通报、整改。项目档案与工程实体都是建设项目的重要组成部分，两者相辅相成，不可分割对待，检查工程同时检查档案是将档案管理融入建设管理的基本做法，也是项目建设顺利推进的重要保障。

一、工作责任

建设单位

应将检查工程同时检查档案的要求写入项目管理制度规范，并做好项目档案检查结果的监督考核。

建设单位档案管理机构

参加项目重要的例行检查或专项检查，在项目安全质量和进度检查活动中检查项目文件预立卷的完整、准确、系统、规范和安全等指标。

建设单位工程管理相关部门和参建单位

在开展一般的项目例行检查或专项检查时，要同步检查项目档案，并留存相关检查记录。监理单位档案人员要参加设备开箱检查。

二、检查要求

项目检查过程中应重点检查预立卷的完整、准确、系统、规范和安全。

档案管理机构要注意对参建单位项目档案制度规范和项目档案管理情况的审查和检查。

项目档案检查结果的整改、复查和考核应与工程检查同步开展。

示例

在"官亭500千伏输变电工程"项目档案示范管理中，国网山东电力档案馆人员参加业主项目部月度安全质量检查，对各参建单位收集的项目文件进度及预立卷情况进行检查，并及时提出整改意见。

档案人员检查现场形成的档案资料

第七节　关键环节飞行检查

不同于第六步的档案检查，关键环节飞行检查借鉴融合了安全管理的相关做法，由建设单位档案管理机构或其他档案行政主管部门、上级主管单位为主体组织，作为落实档案业务指导职责的手段之一。检查应该以发现问题并解决问题为目的，对检查发现的问题举一反三提出整改建议和具体措施，切实提高现场项目档案管理水平，但对于档案管理不规范、项目文件收集进度严重滞后工程建设进度，案卷质量低下、内容错漏突出、给运行和利用埋下隐患的，应追究相关单位责任。

一、检查原则

飞行检查应该遵循“指导为主、考核为辅”的原则，根据现场检查实际发现的问题，指导参建单位提高项目档案管理水平。但对于问题较为严重或检查发现的问题缺陷迟迟不进行整改的，要予以考核或通报。

二、检查形式

（一）“四不两直”检查

1　特点

“四不两直”检查是指不发通知、不打招呼、不听汇报、不用接待、直奔基层、直插现场的检查，这种暗查暗访的检查形式更容易了解现场实际情况，方便建设单位档案管理机构根据实际情况有的放矢地开展业务指导。

2 方式

“四不两直”检查主要以突击检查、随机抽查、回头看复查等方式进行。特殊情况下，可在不告知具体事宜情况下，临时通知相关部门陪同。

3 程序

“四不两直”检查程序可分为制定方案、现场检查、通报反馈、督办整改。

制定方案：坚持问题导向，开展检查前要制定严密细致的工作方案，科学选择时间节点，合理确定检查项目，突出检查重点，明确任务分工，方案实施前，必须严格保密，确保“四不两直”效果。

现场检查：深入建设施工现场进行突击检查，可由建设单位有关分管领导带队或临时通知建设单位工程管理相关部门陪同，以确保相关人员配合。现场检查要全面摸清档案管理的薄弱环节，对于重大隐患或问题要提出批评。

通报反馈：检查结束后，要及时向被检查单位通报反馈问题，同时根据问题为现场进行项目档案业务诊断分析，必要时对现场开展档案业务培训。对于重大隐患或重要问题，要将检查结果向有关部门或单位通报、考核。

督办整改：检查后要跟踪问题整改情况，推动项目档案管理各项工作落实到位，并组织复查工作，对于迟迟不进行问题整改的单位，也要进行通报、考核。

（二）项目档案专项督导

1 特点

建设单位根据工程建设实际情况，由有关分管领导带队，组织项目档案行业专家在项目建设关键环节开展项目档案专项督导。

2 方式

可采用“考、问、查、看、谈”的方式进行，具体分别指：现场考试、问卷调查、现场检查、实地查看、工作座谈五种方式。

现场考试：根据项目建设节点、近期重要事件或区分不同对象，科学编制考试试题，组织项目档案业务考试。

问卷调查：通过问卷调查对现场项目档案工作开展情况、项目档案收集和质量、全员档案意识进行初步摸查。

现场检查：根据“预立卷”工作标准，对现场项目文件的完整、系统、准确、规范和安全进行检查。

实地查看：实地查看项目文件保管环境，查看项目现场施工进度，查看现场项目档案管理情况。

工作座谈：可包括参建单位项目档案工作汇报、档案管理机构项目档案业务诊断分析、建议或培训、交底等。

3 程序

项目档案专项督导的程序可分为印发通知、现场督导、总结汇报。

印发通知：开展专项督导前要进行严密策划，合理选择时间节点和督导对象，明确调查督导的重点和要求，制定工作计划安排，做好相关方案和问题的沟通汇报，及时印发档案专项督导的通知。

现场督导：可以根据实际情况合理选择“考、问、查、看、谈”五种方式中的几种或全部开展专项督导活动。督导前，要根据督导内容提前编制考试试卷、调查问卷、培训课件等资料，做好准备工作。

总结汇报：督导工作结束后，督导人员应将督导情况进行汇总，形成督导工作报告、督导问题和整改意见等书面材料，及时向有关领导、部门或单位进行汇报和通报。

三、检查内容

检查内容应根据《建设项目档案管理规范》等规章制度，以及各行业自身项目档案管理的实际要求合理确定，针对不同对象，检查的内容也不尽相同，但检查重点应包括但不限于以下内容。

项目档案工作得到充分保障

各单位配备具备专业素质的人员负责项目档案工作，人员队伍相对稳定。项目档案工作经费和设备配备合理，满足需求。

项目档案工作融入项目建设

采取了有效措施，将项目档案工作纳入项目建设计划、质量保证体系、项目管理程序、合同管理和岗位责任制。

项目文件流转得到全程管控

采取有效措施加强了项目文件的“源头控制”，明确了项目文件清单及对应形成和归档责任，将项目文件的收集纳入工程协调机制。

建立健全项目档案制度规范

根据要求建立健全了项目文件和项目档案的管理制度和业务规范，项目文件从形成到归档各项工作有据可依。

根据要求建立项目档案管理卷

项目档案管理卷应包括但不限于以下内容：

1. 项目概况、标段划分
2. 项目文件和项目档案制度规范
3. 参建单位归档情况说明
4. 档案收集整理情况说明
5. 档案交接清册

全面做好项目文件“预立卷”

制定了符合实际需求的归档范围，项目文件收集进度与建设进度基本同步，做到了预立卷的完整、准确、系统、规范和安全。

第八节 转序竣工同步验收

转序竣工同步验收是指开展项目阶段性转序验收、单位工程竣工验收、工程竣工验收等活动的同时对项目文件预立卷的完整性、系统性、准确性、规范性、安全性等指标进行同步验收，建设单位档案管理机构档案人员参与验收活动，验收结果同步通报、整改和考核。第八步与第六步的意义和流程基本一致，但验收活动一般更注重结果与考核和奖惩相挂钩，并且档案验收是否合格应该作为工程转序、竣工或启动的决定条件之一。

一、工作责任

建设单位

要把项目文件和项目档案的质量指标纳入建设项目质量验收体系中，并同步考核。

建设单位档案管理机构

应参加项目各项验收，对参建单位项目档案的完整性、准确性、系统性、规范性和安全性以及项目档案管理情况进行检查。

工程管理相关部门

应做好项目验收的组织工作，将档案专业的验收作为质量验收的一部分，邀请项目档案专家参加验收。

参建单位

应做好验收的配合工作，在验收前做好项目档案的自查，验收后及时完成整改。

二、验收要求

阶段性转序验收

主要检查本阶段预立卷情况，项目文件预立卷不合格或相关缺陷不完成整改不同意工程转序施工。

单位工程竣工验收

检查单位工程预立卷情况，项目文件预立卷不合格或缺陷不完成整改不予以支付单位工程进度款。

项目整体竣工验收

检查项目档案整体收集或归档情况，由于一般工程的竣工验收时部分结算、决算资料尚未形成，可以根据情况不要求项目文件在这个阶段完成正式组卷。预立卷不合格或缺陷不完成整改的不允许工程整体投运。

示例

国网山东省电力公司办公室根据现场需要，对部分重要建设项目组织了竣工阶段项目档案验收，提出问题的同时对项目档案组卷和归档进行了培训，获得了较好反响。

临沂 3×300 兆乏调相机工程竣工阶段项目档案验收现场

第九节　合规归档电子文件

合规归档电子文件是指按照有关规章制度要求做好项目电子文件的收集、归档和管理。项目电子文件包括项目管理信息化手段直接形成的原生电子文件和纸质档案扫描加工后形成的数字化副本两种。目前，我国电子档案以“双套制”为主，项目档案中的电子文件成分以纸质档案数字化副本居多。将来，随着信息化手段不断成熟，“无纸化”办公、BIM（建筑信息模型）、三维施工图设计等信息技术将会在项目管理中广泛应用，规范做好原生电子文件的归档将成为项目档案管理的重要工作。

一、有关规章制度

包括但不限于以下规章制度：

《建设项目档案管理规范》（DA/T28—2018）

《电子文件归档与电子档案管理规范》（GB/T18894—2016）

《电子文件管理系统建设指南》（GB/T31914—2015）

《数码照片归档与管理规范》（DA/T50—2014）

《照片类电子档案元数据方案》（DA/T54—2014）

《建设项目电子文件归档和电子档案管理暂行办法》（档发〔2016〕11 号）

《纸质档案数字化规范》（DA/T31—2017）

《电子文件归档光盘技术要求和应用规范》（DA/T38—2008）

二、相关概念

电子文件

广义上指一切电子技术产生的记录文件，包括模拟电子技术文件和数字电子技术文件。狭义上仅指数字文件。《建设项目档案管理规范》中规定：指在数字设备及环境中生成，以数码形式存储于磁带、磁盘、光盘等载体，依赖计算机等数字设备阅读、处理，记录和反映项目建设和管理各项活动的文件。包括文本电子文件、图像电子文件、图形电子文件、视频电子文件、音频电子文件等。

电子档案

指项目建设过程中产生的、具有保存价值并归档保存的一组有联系电子文件及其元数据的集合。

元数据

描述电子文件和电子档案内容、背景结构及其管理过程的数据，包括电子文件的作者、题名、存储位置、存储大小等。本质上就是描述数据的数据。

三、电子文件管理特点

系统依赖性

一是电子文件的信息必须依赖计算机系统才能识读，也称为非人工识读性。二是电子文件的全部管理活动都必须依赖计算机系统实现。因此在电子文件的管理中，一方面要求档案管理人员必须掌握相关计算机操作技术，另一方面必须制定维护电子文件长期保存和可读的技术方案，确保数字记录始终有效。

信息与载体的分离性

电子文件中的信息可以在不同载体上同时存在或相互转换，电子文件的归档本质是信息流的传递，为电子档案分散式集中管理提供了可能。同时，电子文件的“原件”概念将不再重要，电子文件的元数据将会成为电子文件“原始性”和“真实性”的关键证明。

信息的可操作性

主要表现在可以方便地改变电子文件信息的存在状态从而使信息呈现易变性。系统不稳定、载体不稳定、环境不合要求、误操作、病毒侵害等原因都会导致信息不稳定，因此建立严格有效的电子文件安全备份制度将变成电子档案管理的重要工作任务。

信息长久保存的复杂性

电子文件的形成、流转和利用都会受到硬件、软件与技术的制约，相对传统纸质文件电子文件长久保存更加复杂。一方面是电子文件载体寿命普遍比纸质文件载体寿命低；另一方面是技术淘汰将会导致很多以往形成的电子文件无法读出。因此如何做到电子文件的长期保存是电子档案管理的重要课题。

信息的高密度性

电子文件载体的信息密度远远大于纸质文件载体的信息密度，因此如果实行“单套制”的归档方式，不仅能够解决档案馆室库房面积不足的问题，还将会引发文件归档范围的变革。同时信息的高密度存储也带来了信息高密度损坏的风险，给档案安全管理提出了更高要求。

信息的多媒体集成性

所有类型的电子文件归根到底均是二进制数字代码，可以实现将文字、图片、动画、音频、视频、结构化数据乃至程序指令等集成于同一个文件体或载体。载体的单一能够让档案的保管更简单，减少档案保管的成本。

四、电子档案管理要点

项目电子档案管理是建设项目档案管理的一部分，电子档案和实体档案在管理原则、职责划分、分类方案、归档范围等方面要求基本一致，但电子文件归档和电子档案的管理应注意以下几点：

1 电子文件归档要注意元数据的同步归档。

2 电子文件归档一般应采用物理归档，即将电子文件下载到可以脱机保存的载体上归档。与物理归档概念对应的是逻辑归档，指不改变原存储方式和位置而实现的将电子文件的管理权限向档案部门移交的过程。

3 搭建项目信息管理系统和电子档案管理系统时，要注意在电子文件的形成时就鉴定文件的归档价值、保管期限等内容。

4 加强电子文件归档全程管理，做好电子文件元数据的保存保护，采用必要技术手段，保障电子文件可读性和真实性。

5 通过在线备份、脱机备份、异质备份、异地备份等手段，做好电子档案的安全备份。

示例

为减轻电网建设项目档案工作人员档案收集、整理工作负担，提升基层档案工作人员工作效率，避免数据重复录入、重复扫描和重复上传等问题，2018 年，国家电网有限公司办公厅组织开展了基建类电子文件在线归档工作，目的是将公司的“基建管理系统”电子文件在线归档到“数字档案馆系统”，满足参建单位在线开展电网建设项目档案收集、整理和归档工作。

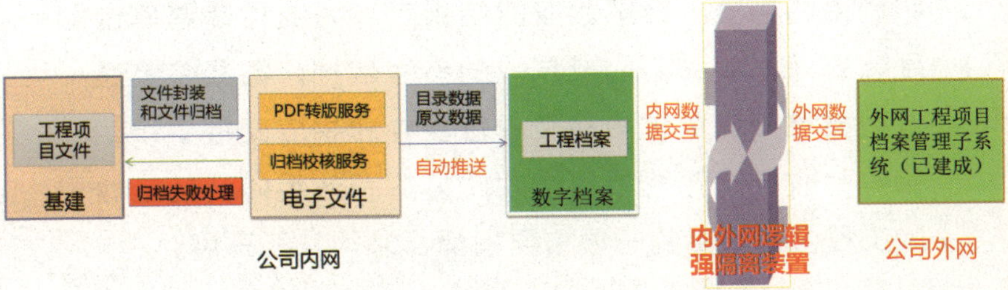

国家电网有限公司基建类电子文件在线归档的总体思路

第十节 严格把关档案验收

严格把关档案验收是指项目完成建设任务且完成项目文件收集和归档后，对项目档案的完整性、准确性、系统性、规范性、安全性以及组卷质量和档案管理情况等进行全面验收，确保项目档案质量满足档案保管和利用的需要。档案验收的结果应作为支付参建单位尾款或考核有关部门或单位的参考依据，档案验收通过后档案接收单位和移交单位要办理相应交接手续。档案验收既是管控项目档案质量的有效手段，又是检验工程整体质量的一项重要指标，必须从严开展。

一、基本要求

重大建设项目的档案验收要根据《重大建设项目档案验收办法》（档发〔2006〕2号）组织，一般建设项目应根据实际需要组织档案验收。

1 验收主体

一般为项目主管部门、档案行政主管部门或建设单位等。如《重大建设项目档案验收办法》（档发〔2006〕2号）要求重大建设项目档案专项验收由项目主管部门或档案行政主管部门组织。《国家电网有限公司电网建设项目档案验收办法》要求重大电网建设项目由国家档案局或国家电网公司总部组织档案验收，常规建设项目由属地省、市、县公司档案部门组织档案验收。

2 验收条件

档案专项验收的项目必须符合以下条件：

（1）项目主体工程和辅助设施已按照设计建成，能满足生产或使用的需要；

（2）项目试运行指标考核合格或者达到设计能力；

（3）完成了项目建设全过程文件材料的收集、整理与归档工作；

（4）基本完成了项目档案的分类、组卷、编目等整理工作。

3 验收标准

重点检查项目档案的完整性、系统性、准确性、规范性、安全性以及项目档案管理情况。具体验收标准应由验收单位对照项目档案有关规章制度结合实际情况制定。

4 验收组成员

项目档案验收组人数为不少于 5 人的单数，组长由验收组织单位人员担任。必要时可邀请有关专业人员参加验收组。

5 验收流程

项目档案验收一般分为验收申请、正式验收、整改移交三个阶段。

二、验收申请

1 档案自查

建设单位在提交验收前，应根据档案验收的标准和有关规章制度，对项目档案进行全面自查，必要时组织项目档案预验收。

2 提出申请

完成自查后，建设单位向验收组织单位提出档案验收的申请，申请报告要包括以下内容：

（1）项目建设及项目档案管理概况；

（2）保证项目档案的完整、准确、系统所采取的控制措施；

（3）项目文件材料的形成、收集、整理与归档情况，竣工图的编制情况及质量状况；

（4）档案在项目建设、管理、试运行中的作用；

（5）存在的问题及解决措施。

3 印发通知

项目档案验收组织单位应在收到档案验收申请报告的 10 个工作日内作出答复。若同意验收，则印发项目档案验收的通知。

示例

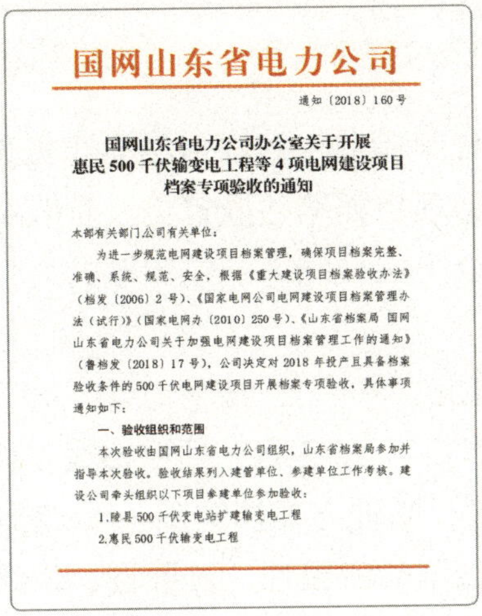
国网山东省电力公司

通知〔2018〕160号

国网山东省电力公司办公室关于开展惠民500千伏输变电工程等4项电网建设项目档案专项验收的通知

本部有关部门,公司有关单位:

为进一步规范电网建设项目档案管理，确保项目档案完整、准确、系统、规范、安全，根据《重大建设项目档案验收办法》（档发〔2006〕2号）、《国家电网公司电网建设项目档案管理办法（试行）》（国家电网办〔2010〕250号）、《山东省档案局 国网山东省电力公司关于加强电网建设项目档案管理工作的通知》（鲁档发〔2018〕17号），公司决定对2018年投产且具备档案验收条件的500千伏电网建设项目开展档案专项验收，具体事项通知如下：

一、验收组织和范围

本次验收由国网山东省电力公司组织，山东省档案局参加并指导本次验收。验收结果列入建管单位、参建单位工作考核。建设公司牵头组织以下项目参建单位参加验收：

1.陵县500千伏变电站扩建输变电工程

2.惠民500千伏输变电工程

《国网山东省电力公司办公室关于开展惠民500千伏输变电工程等4项电网建设项目档案专项验收的通知》

三、正式验收

项目档案验收以验收组织单位召集验收会议的形式进行，一般分为启动会、查验档案、总结会三个环节。项目档案验收组全体成员参加项目档案验收会议，项目的建设单位、设计、施工、监理和生产运行单位的有关人员列席会议。

1 启动会

主要议程有建设单位汇报项目建设概况、项目档案工作情况，监理单位汇报项目档案质量的审核情况。

2 查验档案

根据验收标准对项目档案质量和项目档案管理进行查验。查验的方式主要有采用质询、现场查验、抽查案卷等。抽查档案的数量应不少于 100 卷。

3 总结会

主要议程有项目档案验收组对项目档案质量进行综合评价，项目档案验收组形成并宣布项目档案验收意见。验收结果分为合格与不合格。档案验收组半数以上成员同意通过验收的为合格。验收意见应包括以下内容：

（1）项目建设概况；

（2）项目档案管理情况，包括：项目档案工作的基础管理工作，项目文件的形成、收集、整理与归档情况，竣工图的编制情况及质量，档案的种类、数量，档案的完整性、准确性、系统性、规范性及安全性评价，档案验收的结论性意见；

（3）存在问题、整改要求与建议。

示例

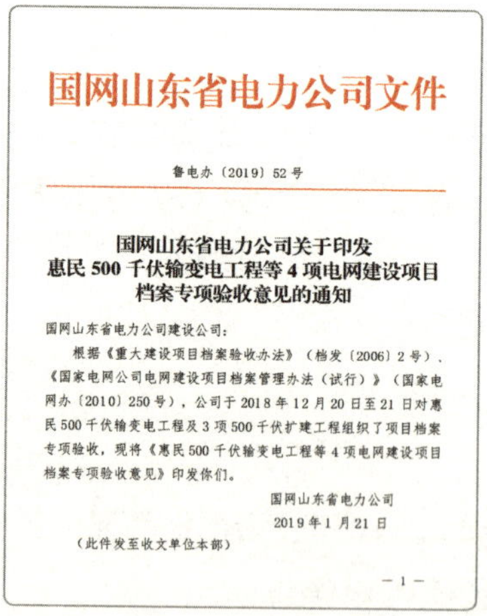

国网山东省电力公司文件

鲁电办〔2019〕52 号

国网山东省电力公司关于印发
惠民 500 千伏输变电工程等 4 项电网建设项目
档案专项验收意见的通知

国网山东省电力公司建设公司：

根据《重大建设项目档案验收办法》（档发〔2006〕2 号）、《国家电网公司电网建设项目档案管理办法（试行）》（国家电网办〔2010〕250 号），公司于 2018 年 12 月 20 日至 21 日对惠民 500 千伏输变电工程及 3 项 500 千伏扩建工程组织了项目档案专项验收，现将《惠民 500 千伏输变电工程等 4 项电网建设项目档案专项验收意见》印发你们。

国网山东省电力公司

2019 年 1 月 21 日

（此件发至收文单位本部）

— 1 —

《国网山东省电力公司关于印发惠民 500 千伏输变电工程等 4 项电网建设项目档案专项验收意见的通知》

四、整改移交

1 整改考核

项目档案验收合格的项目，由验收组织单位正式印发项目档案验收意见，建设单位根据验收意见牵头组织有关立卷单位做好问题的整改，并将整改情况向验收组织单位以正式文件反馈。

项目档案验收不合格的项目，由项目档案验收组提出整改意见，要求建设单位对存在的问题限期整改并进行复查，复查仍不合格的，不允许进行竣工验收或提请有关部门对建设单位通报批评并进行业绩考核或经济处罚。造成档案损失的，应依法追究有关单位及人员的责任。

建设单位收集项目档案验收全过程形成的文件材料，经整理后纳入项目档案一并归档。

2 档案移交

项目档案完成整改后，建设单位应根据《建设项目档案管理规范》有关要求，牵头做好项目档案的移交，并办理必要的项目档案移交手续。

示例

为确保项目档案的完整、准确、系统、规范和安全，在山东省档案馆的指导下，国网山东电力组织了惠民 500 千伏输变电工程等 4 项电网建设项目的档案专项验收，严格把关了档案归档质量，取得了良好效果。

示例

惠民 500 千伏输变电工程等 4 项电网建设
项目档案专项验收现场

第三章

档案整理组卷指南

组卷和整理是项目档案的基础工作，规范项目档案管理应该规范项目档案的分类、编号、组卷和整理等基础业务。建设项目投资规模大、参建单位多、建设工期长、人员更换频繁，有的施工人员对档案要求不熟悉、各参建单位组卷标准不统一，最终导致案卷质量得不到有效保障。本册以组卷和整理的流程为主线，全面介绍了项目档案分类、组卷、排列、编目和装订等全过程的组卷标准，同时对竣工图、声像文件、电子文件的整理进行了简单介绍。

第一节　档案分类

档案分类是依据一定的标准，按照档案来源、时间、内容和形式特征的异同点，对档案进行有层次的区分，并形成相应的体系。建设项目档案的分类应遵循文件的自然形成规律，保持卷内文件的有机联系，便于档案的保管和利用。由于项目管理模式差异性大，不同行业的档案分类方法不同，行业有规定的应按照行业规定进行类目的划分。

一、精准划分类目

项目文件应按照形成阶段、专业、内容等特征进行分类，一般分为前期文件、设计文件、施工文件、监理文件、竣工图、设备文件、验收文件等，并精准划分类目。

示 例

电网建设项目档案主要根据《国家电网公司供电企业档案分类表（6～9大类）》（办文档〔2010〕56号）有关要求进行分类，并划分了四级类目，如线路工程可行性研究类文件分类为8201，其中，8为一级类目表示基本建设，2为二级类目表示线路工程，0 为三级类目表示工程建设文件，1 为四级类目表示可行性研究文件。

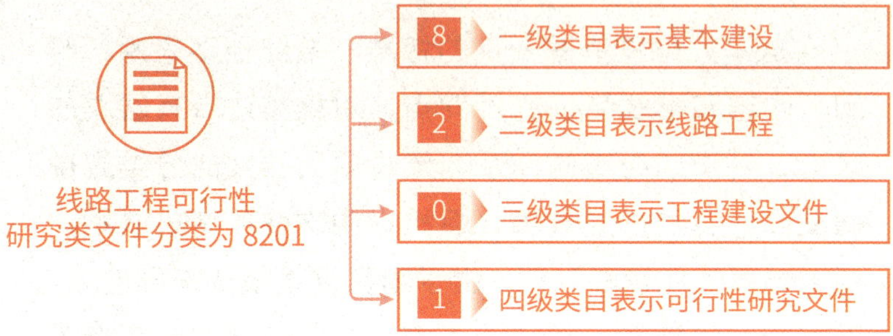

二、区分单位工程、分部工程

在按阶段划分类目以及划分施工技术文件类目或过程中，应注意区分单项工程、单位工程、分部（专业）工程。

示例

电网建设项目在档案分类中区分了不同的单项工程、单位工程。单项工程一般分为线路工程和变电工程，分类分别为 82 和 84；线路工程又分基础及杆塔施工文件和机电安装施工文件，分类分别为 8204 和 8205；变电工程又分为土建施工文件和电气安装施工文件，分类分别为 8404 和 8405。

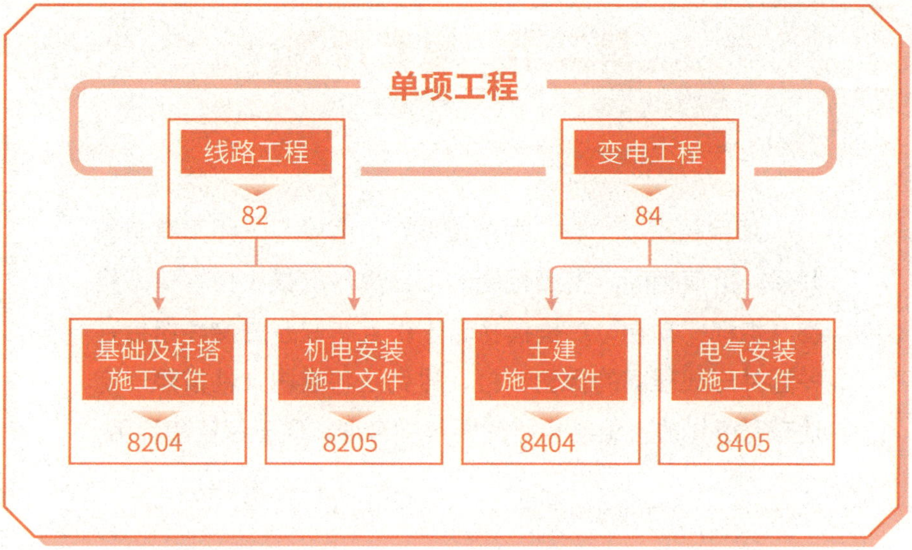

三、分类清晰明确

1. 各类目之间的文字材料、图表、图纸等文件不能交叉，建设项目不同阶段、各单位工程形成的文件材料也不能混淆在一起。

2. 按照建设项目类型和层次，结合文件形成多少，逐级向下层进行分类，一般不要超过四级类目，以最低一层类目为案卷排架顺序。

小贴士

对立项审批、招投标阶段共形成的文件预估能超过 40 卷的，可分立项审批阶段、招投标阶段两个三级类目，分别按形成时间排案卷顺序号；如果根据行业特点项目一般形成文件预估不足 40 卷的，在设定三级类目时，可合并为前期文件阶段；分类层次避免过细，出现最低一个类目号下一卷一份文件，案卷均为 1 号顺序号的情况。

第二节　组卷排列

项目档案以“卷”为单位保存，案卷是一组具有有机联系、价值相同、密级相同的项目文件的最小集合体，组卷（也称“立卷”）是指将若干份互有联系的文件组合在一起并形成档案的保管单位，排列是将卷内文件按照一定逻辑有序排放，组卷和排列要科学合理，便于保管和利用。

一、案卷组织

（一）组卷原则

1. 组卷应遵循项目文件的形成规律和成套性特点，保持卷内文件有机联系，分类科学，组卷合理，便于保管和利用。

2. 应根据卷内文件的内容和数量组成一卷或多卷（适当厚度），卷内文件内容应相对独立完整。

3. 独立成套、成册的项目文件，应保持其原貌，不宜拆散重新组卷。

（二）组卷要求

1. 案卷内科技文件材料应齐全、完整，签章手续完备。

2. 案卷内科技文件的载体和书写材料应符合档案保护要求。（笔、纸）

3. 案卷内不应存在重复文件，文件附件共用时应在备考表中注明。

4. 不同保管期限文件组成一卷时，案卷保管期限实行从长原则。

5. 不同载体形式文件应分别组卷。

（三）组卷方法

《建设项目档案管理规范》7.3.2.5 条规定：

1. 项目前期文件、项目管理文件按事由结合时间顺序组卷，其中招标投标、合同文件按招标的标段、合同组卷。

2. 勘察设计文件按阶段、专业组卷。

3. 施工技术文件按单位工程、分部工程或装置、阶段、结构、专业组卷。

4. 信息系统开发文件按应用系统组卷。

5. 设备文件按专业、系统、台套组卷。

6. 监理（建造）文件按监理的合同标段、事由结合文种组卷。

7. 科研项目文件按科研项目（课题）组卷。

8. 生产准备、试运行、竣工验收文件按工程阶段、事由结合时间顺序组卷。

二、文件排列

《建设项目档案管理规范》7.3.2.6 条规定：

1. 项目前期文件、项目管理性文件按主题、事由排列。

2. 施工文件按综合管理、施工技术支撑、施工（安装）记录、检测试验、评定验收排列。

3. 信息系统开发文件按需求、设计、实施、测试、运行、验收排列。

4. 设备文件按质量证明、开箱验收、随机文件、安装调试、检测试验和运行维修排列。

5. 监理（监造）文件按依据性、工作性文件顺序排列。

6. 科研项目文件按开题、方案论证、研究实验、阶段成果、结题验收排列。

7. 生产准备、试运行、竣工验收文件按主题、事由排列。

卷内文件排列一般有以下四种情况：

（1）印件在前，定稿在后；

（2）正件在前，附件在后；

（3）复文在前，来文在后；

（4）文字在前，图样在后。

第三节　档号编制

国家档案局发布的《档号编制规则》（DA/T13—1994）规定了编制档号的结构、原则和方法，建设项目档案档号编制可参照执行。

一、基本术语

档号：档案馆（室）在整理和管理档案的过程中，以字符形式赋予档案的一组代码。档号是存取档案的标记，并具有统计监督作用。档号一般由全宗号、类别号、项目号、案卷号、文件号等代号中的全部或某几种组成。

全宗号：档案馆（室）给定每个全宗的代码。

类别号：馆（室）藏档案类别的代码，或称为分类号。

项目号：建设项目档案的代字或代号，或称为项目代号。

案卷号：案卷排列的顺序号。

文件号：案卷内文件的顺序号。

页（张）号码：案卷内文件每页（张）的顺序号。

代码：一个或一组有序的、易于计算机和人识别与处理的数字、字母、汉字及其他符号。

二、编制原则

唯一性原则

档案馆（室）内档号应指代单一。不同编号对象应赋予不同代码，一个代码只表示一个编号对象。

合理性原则

档号结构必须与馆藏档案的整理分类体系相适应。

稳定性原则

档号一经确定，一般不应随意改变。

扩充性原则

档号必须留有适当的递增容量，以便适应不断扩充档案的需要。

简单性原则

档号力求简短明了，以便减少代码差错，节省存储空间，提高处理效率。

三、档号结构

《档号编制规则》（DA/T13—1994）规定了三种结构：

第一种结构为：全宗号—案卷目录号—案卷号—件、页（张）号。

第二种结构为：全宗号—类别号—案卷号—件、页（张）号。

第三种结构为：类别号—项目号—案卷号—件、页（张）号。

很多情况下，建设项目档案档号采用第二种或第三种结构，或将第二种和第三种相结合（如下图）。

档案号结构示例

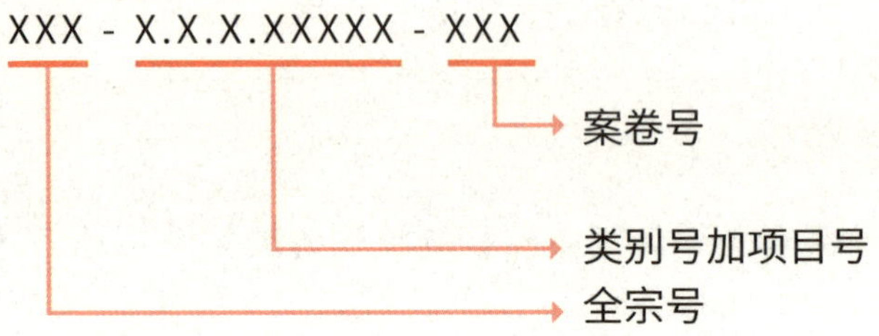

行业有具体要求的可以根据行业要求编写。

电网建设项目档案的档号编制采用“全宗号—项目代号—分类号—案卷号”的结构；

火电建设项目档号的编制采用“项目代号—分类号—案卷号”的结构。

电网建设项目的档号结构图示例

电网建设项目档号结构图:

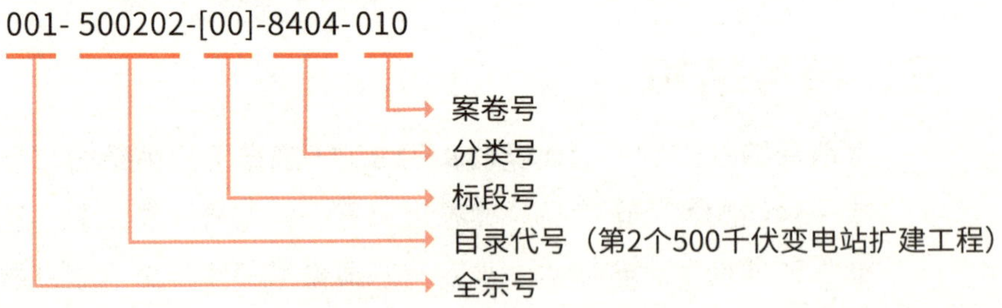

火电建设项目的档号结构图示例

火电建设项目档号结构图：

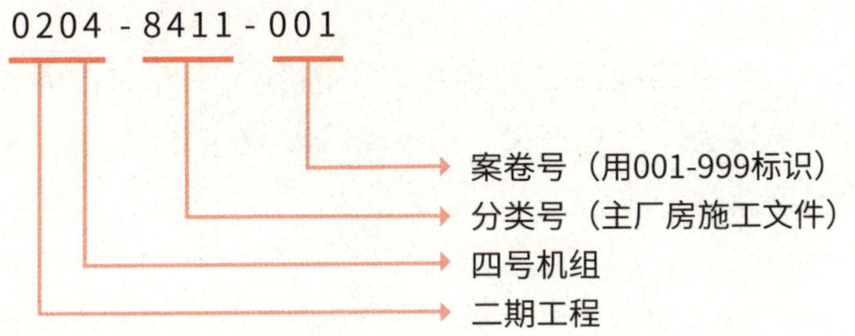

四、编制方法

1. 全宗号应根据建设项目产权归属单位确定，由保管建设项目档案的档案馆提供。

2. 类别号主要目的是标识案卷的分类，可以由汉字、汉语拼音字母或阿拉伯数字等符号组成，一般不应超过三级。

3. 项目号主要目的是区分不同建设项目，可引用有关管理部门编制的项目代号，按照行业有关规定。项目档案数量较多时，可增加阶段类别号或者标段号。

4. 案卷号一般由三位阿拉伯数字组成，独立项目从立项到竣工的案卷按分类和排列顺序流水编号，不得空号。

第四节 案卷编目

案卷的编目主要包含以下内容：文件页号编写，案卷封面、案卷脊背、卷内目录、卷内备考表、案卷目录编制。

一、页号编制

1. 应按装订形式分别编写页号。整卷装订的，以卷为单位连续编写页号，各卷之间不连续编号；按件装订的，以件为单位编写页号，各件之间不连续编号。

2. 以有效内容的页面为一页，从 1 开始编写，卷内目录和卷内备考表不编写页号。

3. 对于单面文件，书写在文件右下角；对于双面文件，正面在右下角，背面在左下角。

4. 成套图样或印刷成册的文件材料，自成一卷的，原目录可代替卷内目录，已有页码的，不必重新编写页号。

5. 卷内目录和卷内备考表不编页号。

页号编制示例

正面示例：

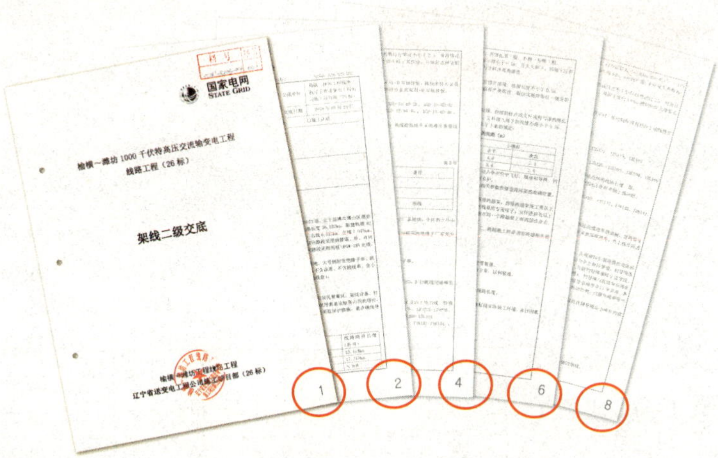

反面示例：

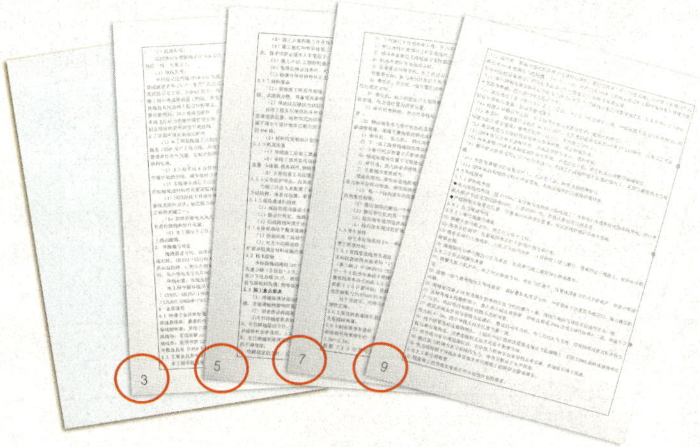

空白页不编页码

二、卷内目录

卷内目录应排列在卷内文件首页之前。卷内目录包括序号、文件编号、责任者、文件题名、日期、页数（页号）、备注、档号。

卷内目录示例

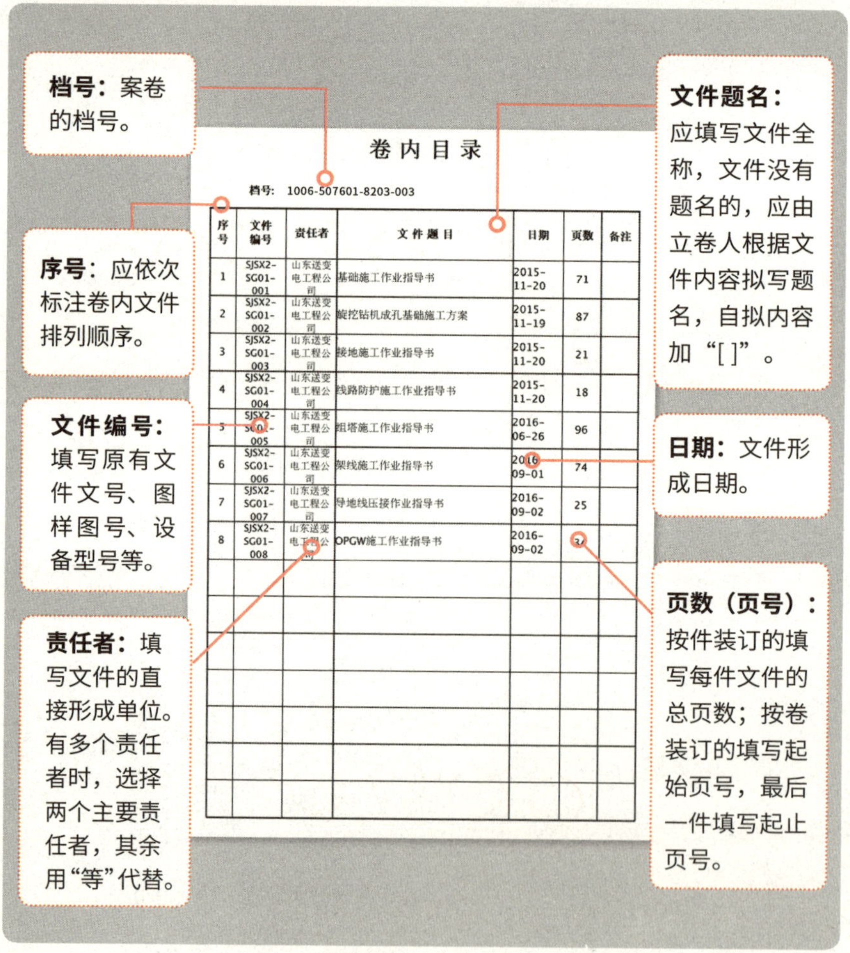

卷 内 目 录

档号：1006-507601-8203-003

序号	文件编号	责任者	文件题目	日期	页数	备注
1	SJSX2-SG01-001	山东送变电工程公司	基础施工作业指导书	2015-11-20	71	
2	SJSX2-SG01-002	山东送变电工程公司	旋挖钻机成孔基础施工方案	2015-11-19	87	
3	SJSX2-SG01-003	山东送变电工程公司	接地施工作业指导书	2015-11-20	21	
4	SJSX2-SG01-004	山东送变电工程公司	线路防护施工作业指导书	2015-11-20	18	
5	SJSX2-SG01-005	山东送变电工程公司	组塔施工作业指导书	2016-06-26	96	
6	SJSX2-SG01-006	山东送变电工程公司	架线施工作业指导书	2016-09-01	74	
7	SJSX2-SG01-007	山东送变电工程公司	导地线压接作业指导书	2016-09-02	25	
8	SJSX2-SG01-008	山东送变电工程公司	OPGW施工作业指导书	2016-09-02	[illegible]	

三、备考表

备考表排列在卷内文件之后。卷内备考表包括档号、互见号、说明、立卷人、检查人等。

备考表示例

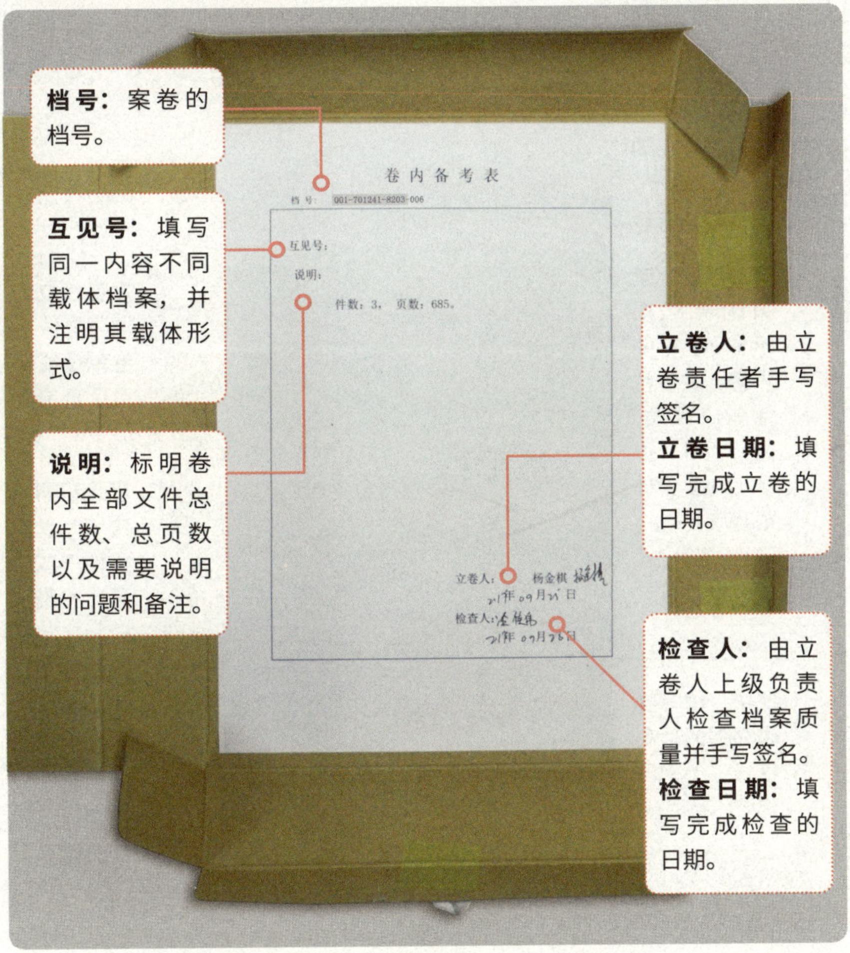

四、案卷封面

案卷封面可以采用内封面和外封面两种，外封面贴在卷盒外，内封面放在卷盒内第一页。案卷封面应包括档号、案卷题名、立卷单位、起止日期、密级、保管期限等。

案卷外封面示例

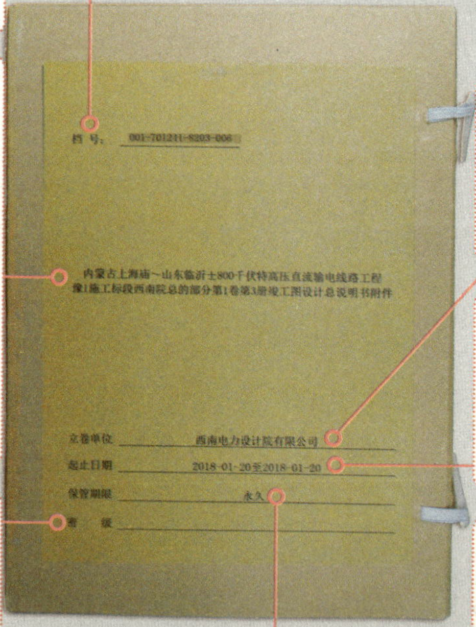

档号：案卷的档号。

案卷题名：应简明准确揭示卷内文件内容。主要包括科研课题、建设项目、设备仪器名称或代字（号）、结构、阶段、文件类型等。

密级：填写卷内文件的最高密级（绝密、机密、秘密）。

立卷单位：填写文件组卷单位或项目负责单位。

起止日期：应填写卷内文件形成的最早和最晚时间。

保管期限：应填写组卷时依照有关规定划定的保管期限。

案卷内封面示例

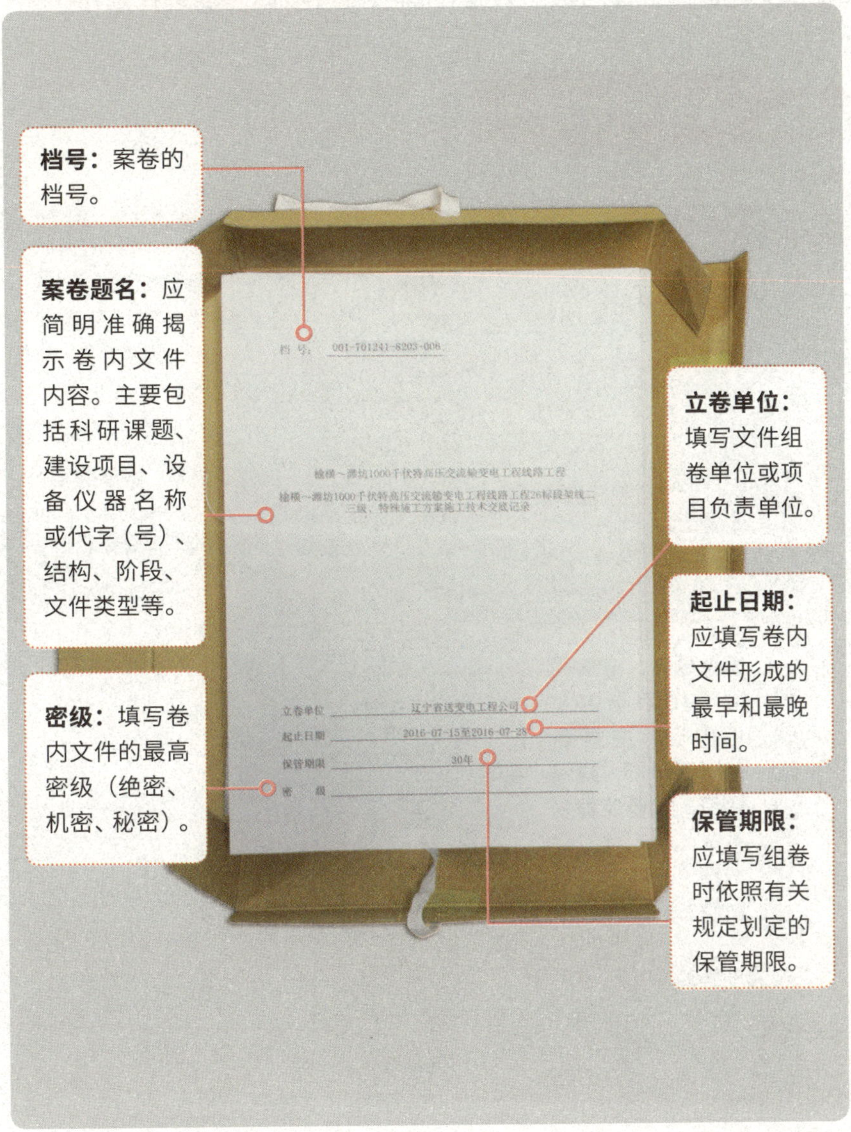
档号：案卷的档号。
案卷题名：应简明准确揭示卷内文件内容。主要包括科研课题、建设项目、设备仪器名称或代字（号）、结构、阶段、文件类型等。
密级：填写卷内文件的最高密级（绝密、机密、秘密）。
立卷单位：填写文件组卷单位或项目负责单位。
起止日期：应填写卷内文件形成的最早和最晚时间。
保管期限：应填写组卷时依照有关规定划定的保管期限。
档 号： 001-701241-8203-006
榆横～潍坊1000千伏特高压交流输变电工程线路工程
榆横～潍坊1000千伏特高压交流输变电工程线路工程26标段架线二三级、特殊施工方案施工技术交底记录
立卷单位 辽宁省送变电工程公司
起止日期 2016-07-15至2016-07-28
保管期限 30年
密 级

五、案卷脊背

直接印制或牛皮纸打印粘贴在卷盒侧面。脊背内容包括保管期限、档号、案卷题名等内容。案卷脊背项目可根据需要选择填写。

案卷脊背示例

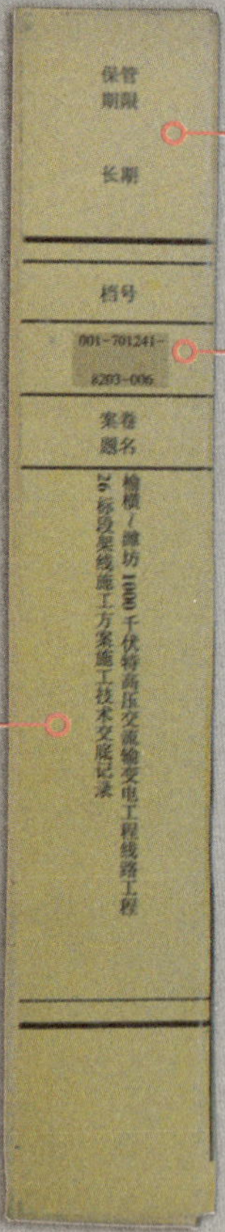

保管期限：应填写组卷时依照有关规定划定的保管期限。

档号：案卷的档号。

案卷题名：应简明准确揭示卷内文件内容。主要包括科研课题、建设项目、设备仪器名称或代字（号）、结构、阶段、文件类型等。

第五节　装订上架

一、装订

纸质文件的装订应符合《纸质归档文件装订规范》（DA/T 69-2018）的要求。

（一）基本要求

1. 装订应尽量减少对文件本身影响，原装订方式符合要求的，应维持不变。对于成套、成册的文件材料一般不改变其装订方式。

2. 案卷内文件可整卷装订或以件为单位装订。装订形式无特殊要求，根据实际情况合理选用，对于施工技术文件等为方便保持案件的有机联系，宜采用整卷装订的形式。

3. 文件装订前，应对不符合要求的文件进行修整。归档文件已破损的，应予以修复。字迹模糊或易退变的，应予复制。超出卷盒幅面应折叠。

4. 文件装订应牢固、安全、简便，做到文件不损页、不倒页、不压字，装订后文件平整，有利于档案的保护和管理。

5. 用于装订的材料，无论其自身还是通过其他材料及环境之间的接触反应，不应包含或产生任何可能损害归档文件的物质。

6. 以件为单位装订的应在每件文件首页空白处加盖档号章。档号章式样见下图。

档号章式样示例

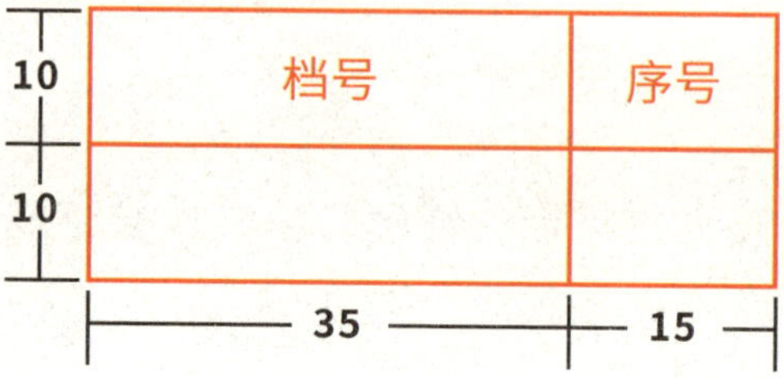

单位：mm　比例：1:1

（二）装订方式

纸质文件的装订，一般可以分为以下几种方式：

直角装订、缝纫机轧边装订、“三孔一线”装订、不锈钢订书钉装订、不锈钢夹装订、浆糊装订、封套装订。

1 直角装订

装订材料：使用棉纱线进行装订。棉纱线粗细应与 R72texf4 规格的棉线相当，线的断裂强度不低于 15N。

适用范围：用于装订永久保管、30 年保管、10 年保管的纸质文件，一般装订的页数较少时优先考虑。

装订方法：直角装订应距归档文件上边、侧边各 2cm 处入针，先在上方环绕后再在侧面环绕（或先侧面后上方），最后在上方（或侧面）绕半圈后与入针线头打结。打结可以选择在上方（侧方）也可以选择在入针处。缝线与归档文件结合紧密的，也可以不打结，但入针、出针处应保留 1.5cm 左右的线头。

有关要求：直角装订应选择较细的缝线针，以双线为宜，拉紧打结后的缝线形成直角，与上方、侧方边缘形成正方形。

直角装订图示

直角装订：

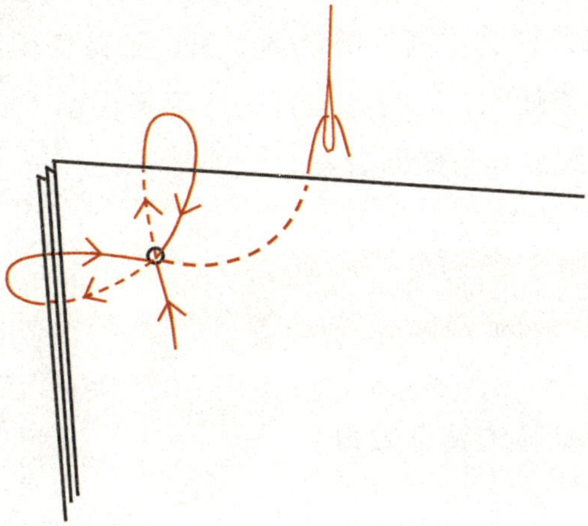

直角装订效果：

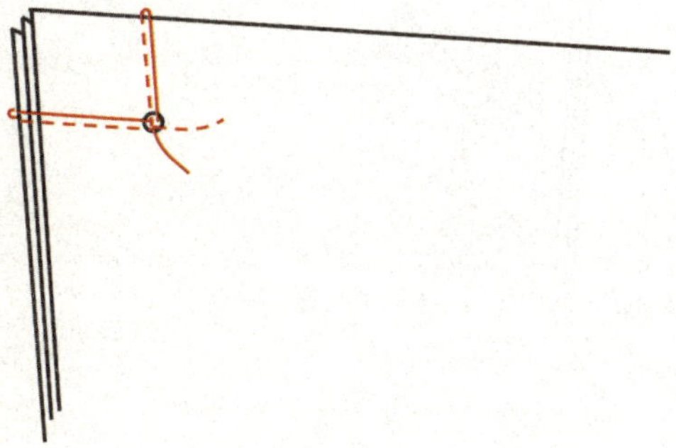

2 缝纫机轧边装订

装订材料：使用棉纱线进行装订。棉纱线粗细应与 R72texf4 规格的棉线相当，线的断裂强度不低于 15N。

适用范围：用于装订永久保管、30 年保管、10 年保管的纸质文件，一般装订的页数较少时优先考虑。

装订方法：用缝纫机在文件左上角进行斜角装订，入针、出针位置以距左上角顶端 2 ～ 3cm 为宜。

有关要求：应选用锁式缝合缝纫机，不得使用链式缝合缝纫机。针脚距离应尽量加大，入针、出针处应尽量保留 1.5cm 左右的线头。装订时应避免缝合处形成断裂。

缝纫机轧边装订图示

缝纫机轧边装订效果：

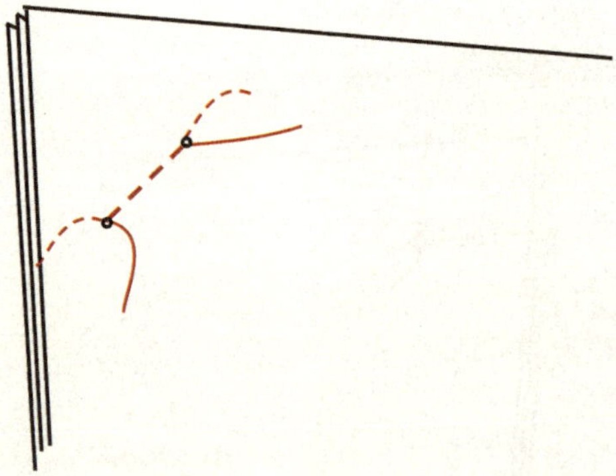

3 “三孔一线”装订

装订材料：使用棉纱线进行装订。棉纱线粗细应与 R72texf4 规格的棉线相当，线的断裂强度不低于 15N。

适用范围：用于装订永久保管、30 年保管、10 年保管的纸质文件，一般装订的页数较多时优先考虑。

装订方法：一般采用挤压式打孔，打孔前先用夹子固定文件右侧，确定孔距后用锥子或“三孔一线”打孔机打孔。穿线时，现将装订绳对折，将两个绳头并齐后从文件背面穿入中间空，再将绳头分别向下穿入两边的孔中，并从由装订绳对折形成的圈中交叉穿过。用力拉紧两个绳头，使装订绳紧缚文件，再将两个绳头在中间孔处打结。

有关要求：三孔之间的距离，竖版文件以 8 ～ 10cm 为宜，横版文件以 6 ～ 8cm 为宜。三孔与文件左侧距离不少于 1.5cm。打结后应保留 1.5cm 左右的绳头，并在打结处用力拉实。

“三孔一线”装订图示

“三孔一线”装订：

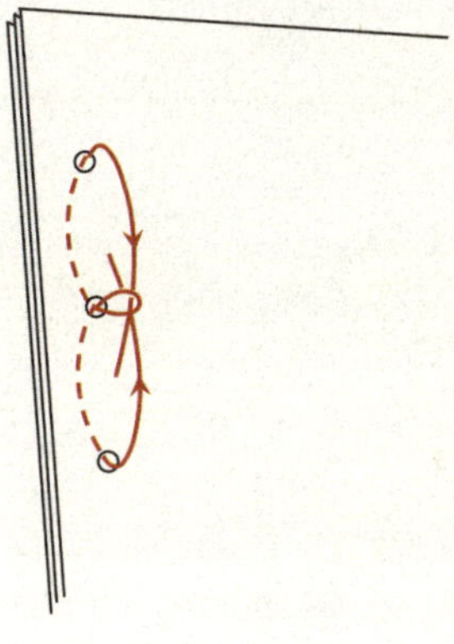

“三孔一线”装订效果：

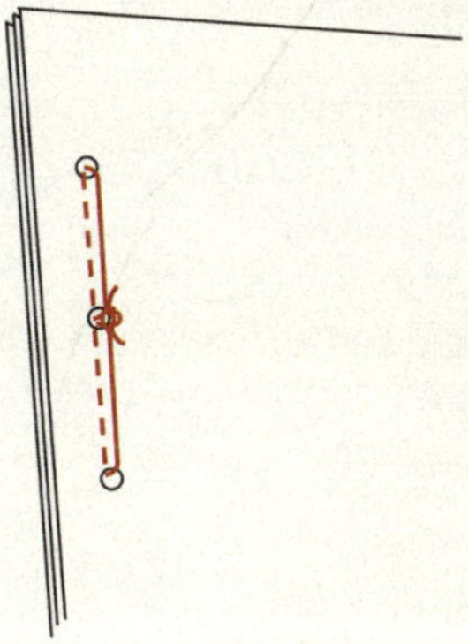

4 不锈钢订书钉装订

装订材料：选用 S30408 材质的不锈钢钉，沿海地区应选用耐腐蚀性更优的不锈钢。

适用范围：适用于永久保管、30 年保管、10 年保管的纸质文件。一般优先选用直角装订、缝纫机轧边装订和“三孔一线”装订，不锈钢订书钉装订应根据实际情况，在保证对档案无损害的前提下合理选用。

装订方法：在应归档文件左侧两钉装订，订位为两钉外钉眼距版面上下边缘各 7cm。

有关要求：不锈钢订书钉装订应无坏钉、漏钉、重钉，钉脚平伏牢固，归档文件不掉页。需要拆除不符合要求的订书钉再用不锈钢订书钉装订的，拆除时应尽量减轻对归档文件的损害，不锈钢订书钉的装订位置尽量与原订书钉保持一致。原装订的位置不适宜继续装订的，不锈钢订书钉的装订位置可偏移。应尽量减少重复装订次数。

不锈钢订书钉装订图示

不锈钢订书钉装订效果：

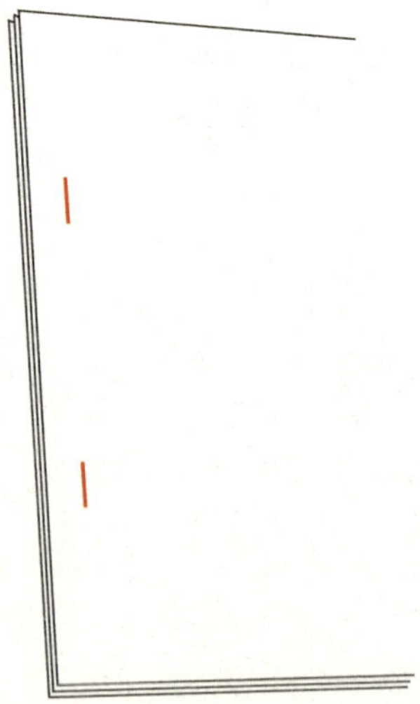

5 不锈钢夹装订

装订材料：符合行业产品质量要求的不锈钢夹。

适用范围：多用于“预立卷”等需要临时固定的归档文件。

装订方法：在应归档文件上方或左侧装订，订位为不锈钢夹外缘距版面左上角顶端 2 ～ 3cm 为宜。

有关要求：不同文件的装订位置应错开，方便装盒，节省保存空间。

不锈钢夹装订图示

不锈钢夹左侧装订效果：

不锈钢夹顶端装订效果：

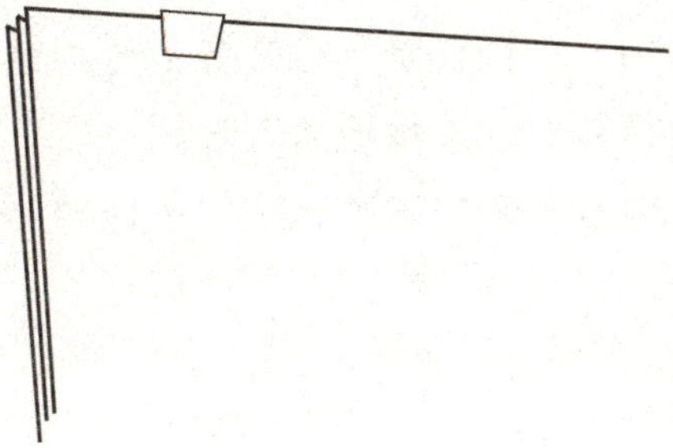

6 浆糊装订

装订材料：浆糊要化学性能稳定，不含对档案原件有害的物质，不得损坏档案载体和字迹，一般可选小麦淀粉浆糊、羧甲基纤维素、聚乙烯醇缩丁醛等材料制成的浆糊。

适用范围：适用于永久保管、30 年保管、10 年保管的纸质文件。一般优先选用直角装订、缝纫机轧边装订和“三孔一线”装订，浆糊装订应根据实际情况，需装订的页数较少，且在保证对档案无损害的前提下合理选用。

装订方法：采取左上角粘贴法，即在文件左上角涂抹浆糊进行装订。装订前应将浆糊调匀。涂抹浆糊宜以离上方、侧方边缘 2 ～ 2.5cm 处为圆心，1cm 为半径，涂抹的浆糊与上方、侧方应留有空白。浆糊在涂抹时应注意用量适宜，分布均匀。

有关要求：在粘贴后应压实、晾干，待完全干燥后再装盒。

7 封套装订

装订材料：封套用纸应轻薄、结实，材质对归档文件不应有负面影响或潜在负面影响。

适用范围：多用于“预立卷”等需要临时固定的归档文件。

装订方法：将待装订的文件放入封套。

有关要求：文件放入后应平整，不应出现褶、皱等情况。

根据《纸质归档文件装订规范》装订方式的选用，见下表：

类型	宜用	可用	不可	禁用
永久保管	直角装订、缝纫机轧边装订、“三孔一线”装订	不锈钢订书钉装订、浆糊装订	不锈钢夹装订、封套装订	回形针、大头针、燕尾夹、热熔胶、办公胶水、装订夹条、塑料封
定期30年保管，需要移交档案馆	直角装订、缝纫机轧边装订、“三孔一线”装订	不锈钢订书钉装订、浆糊装订	不锈钢夹装订、封套装订	
定期30年保管，不需要移交档案馆	直角装订、缝纫机轧边装订、“三孔一线”装订、不锈钢订书钉装订、浆糊装订	不锈钢夹装订、封套装订		
定期10年保管	直角装订、缝纫机轧边装订、“三孔一线”装订、不锈钢订书钉装订、不锈钢夹装订、浆糊装订、封套装订			
需永久或定期保管，需要临时固定	不锈钢夹装订、封套装订			

建设项目档案整理中，“三孔一线”装订方式应用最多，其具体的装订方式可见下图。

“三孔一线”装订示例

第一步：在左侧适当位置打三个孔，一般孔距左侧为1.5cm，孔与孔间距是9cm；

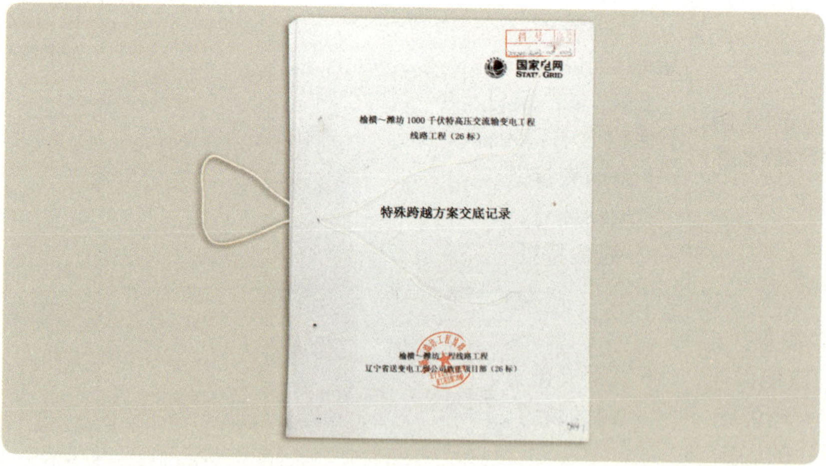

第二步：剪一根适当长度的装订线，再将其对折成双股，从档案正面穿过至背面形成活口；

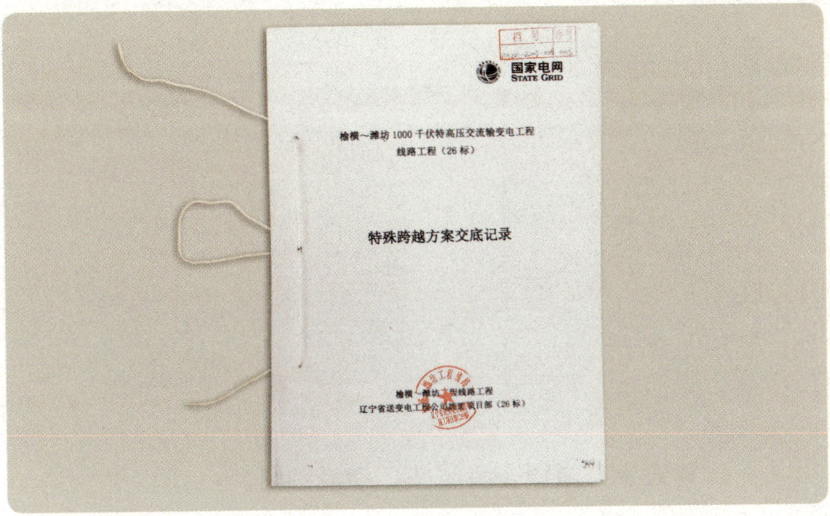

第三步：将双线两端分别从档案正面两头孔穿过，形成W状；

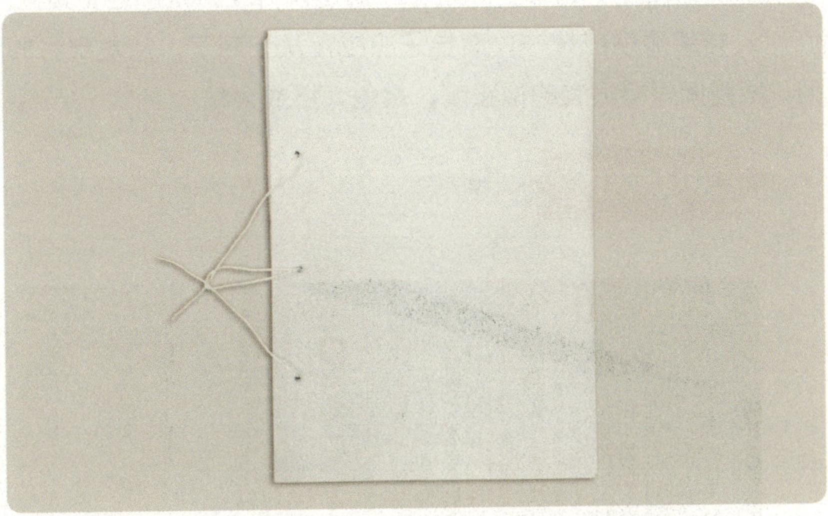

第四步：将档案翻过来，使两头的线交叉穿入中间孔的活结口中拉紧打结即可完成；

第五步：减掉多余线头，完成装订。

二、上架

1. 排架应整齐有序，库位标识清楚，排架方法应避免频繁倒架。

2. 排架顺序应统一，案卷一般应按从上到下，从左到右的顺序排列，案卷间保持适宜的饱和度，避免太挤或太松。

排架示例

第六节　竣工图的整理

一、竣工图的组卷和排列

竣工图的组卷和排列，应保持设计单位的原卷册形式。

竣工图排列示例

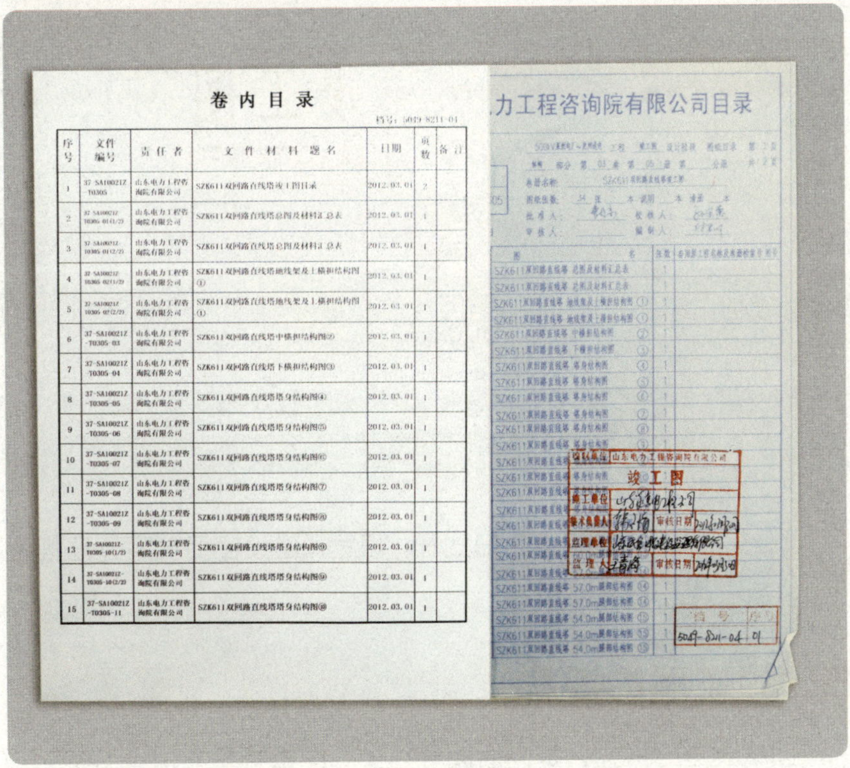

卷内目录

档号：5049-8211-01

序号	文件编号	责任者	文件材料题名	日期	页数	备注
1	37-SA10021Z-T0305	山东电力工程咨询院有限公司	SZK611双回路直线塔竣工图目录	2012.03.01	2	
2	37-SA10021Z-T0305-01(1/2)	山东电力工程咨询院有限公司	SZK611双回路直线塔总图及材料汇总表	2012.03.01	1	
3	37-SA10021Z-T0305-01(2/2)	山东电力工程咨询院有限公司	SZK611双回路直线塔总图及材料汇总表	2012.03.01	1	
4	37-SA10021Z-T0305-02(1/2)	山东电力工程咨询院有限公司	SZK611双回路直线塔地线架及上横担结构图①	2012.03.01	1	
5	37-SA10021Z-T0305-02(2/2)	山东电力工程咨询院有限公司	SZK611双回路直线塔地线架及上横担结构图①	2012.03.01	1	
6	37-SA10021Z-T0305-03	山东电力工程咨询院有限公司	SZK611双回路直线塔中横担结构图②	2012.03.01	1	
7	37-SA10021Z-T0305-04	山东电力工程咨询院有限公司	SZK611双回路直线塔下横担结构图③	2012.03.01	1	
8	37-SA10021Z-T0305-05	山东电力工程咨询院有限公司	SZK611双回路直线塔塔身结构图④	2012.03.01	1	
9	37-SA10021Z-T0305-06	山东电力工程咨询院有限公司	SZK611双回路直线塔塔身结构图⑤	2012.03.01	1	
10	37-SA10021Z-T0305-07	山东电力工程咨询院有限公司	SZK611双回路直线塔塔身结构图⑥	2012.03.01	1	
11	37-SA10021Z-T0305-08	山东电力工程咨询院有限公司	SZK611双回路直线塔塔身结构图⑦	2012.03.01	1	
12	37-SA10021Z-T0305-09	山东电力工程咨询院有限公司	SZK611双回路直线塔塔身结构图⑧	2012.03.01	1	
13	37-SA10021Z-T0305-10(1/2)	山东电力工程咨询院有限公司	SZK611双回路直线塔塔身结构图⑨	2012.03.01	1	
14	37-SA10021Z-T0305-10(2/2)	山东电力工程咨询院有限公司	SZK611双回路直线塔塔身结构图⑨	2012.03.01	1	
15	37-SA10021Z-T0305-11	山东电力工程咨询院有限公司	SZK611双回路直线塔塔身结构图⑩	2012.03.01	1	

竣工图的归档排列与竣工图原卷册的排列是一致的。

二、竣工图章和档号章

竣工图章、竣工图审核章应使用红色印泥盖在标题栏附近空白处。档号章应使用红色印泥，宜盖在标题框附近或正面空白位置。

竣工图章、档号章示例

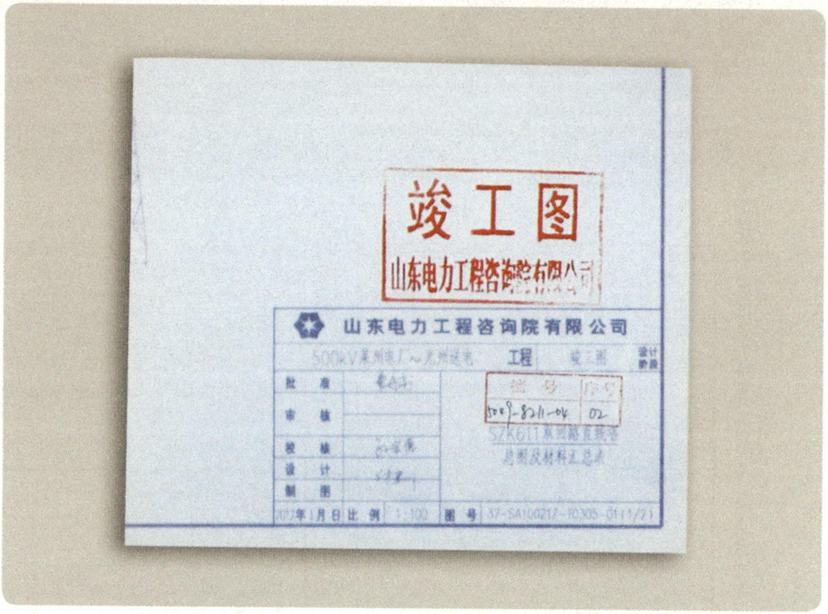

图中竣工图章为旧式样，根据《建设项目档案管理规范》，新式样应参照附录三。

三、竣工图的折叠

图纸要进行折叠，折完后图号在上。图纸折叠方法见 GB/T10609.3。下面我们列举两种常见的竣工图折叠方法。

第一种情况：装订留边

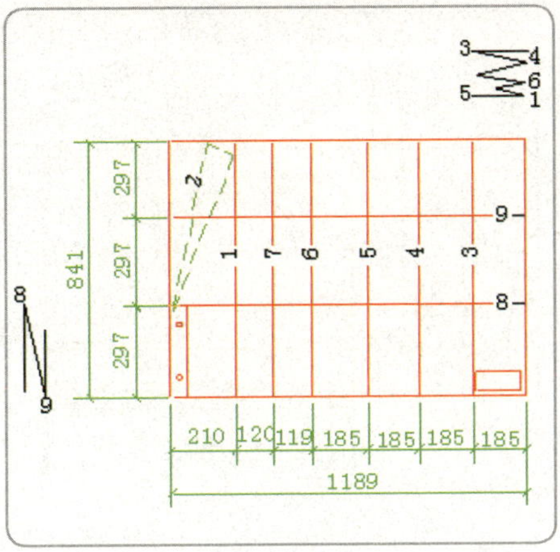

（1）A0 折成 A4

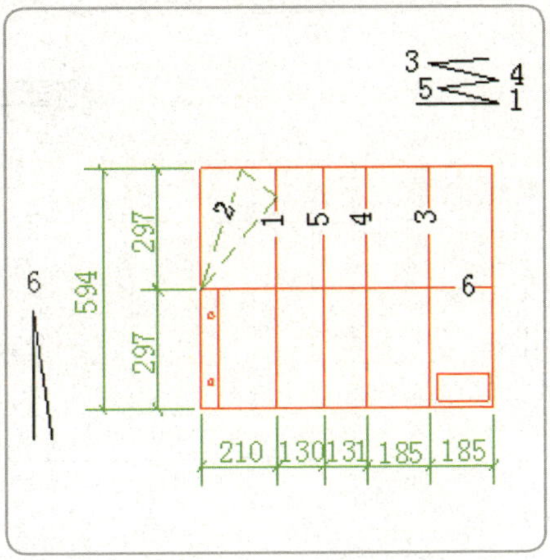

（2）A1 折成 A4

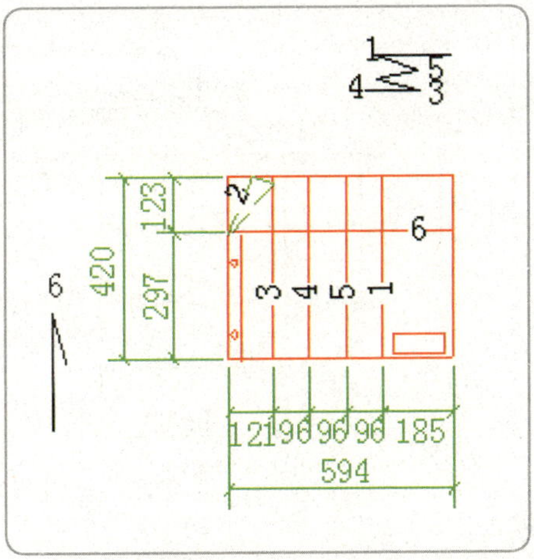

（3）A2 折成 A4

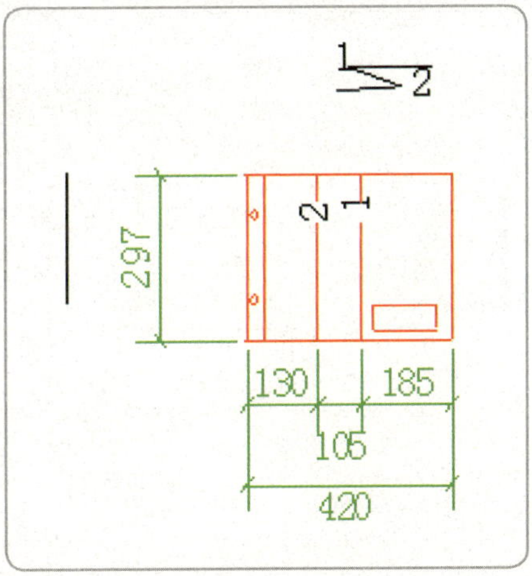

（4）A3 折成 A4

第二种情况：不装订、不留边

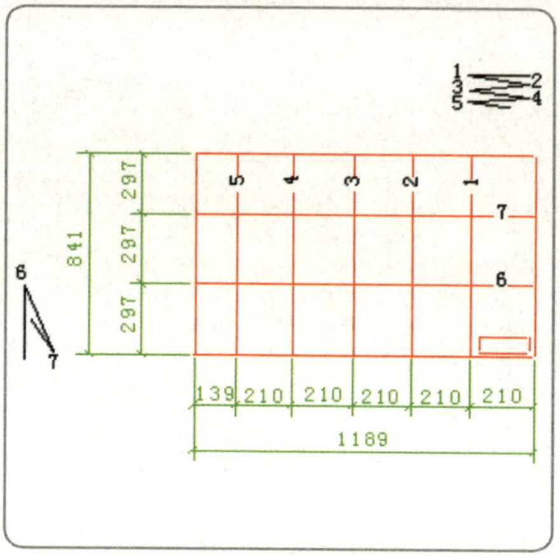

（1）A0 折成 A4

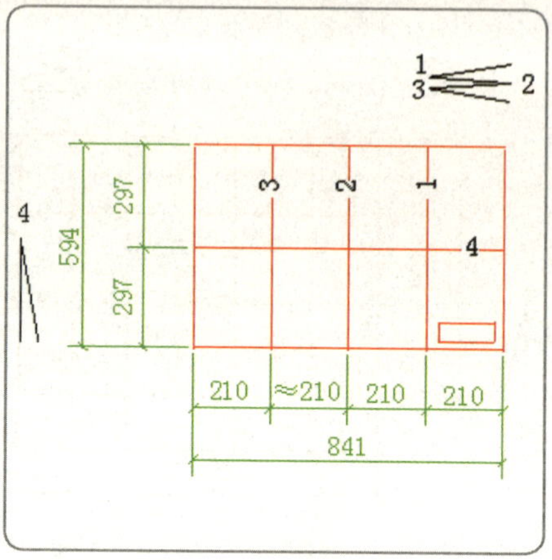

（2） A1 折成 A4

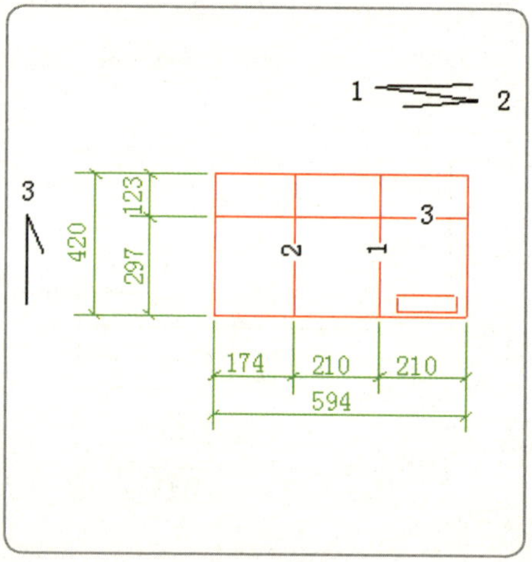

（3）A2 折成 A4

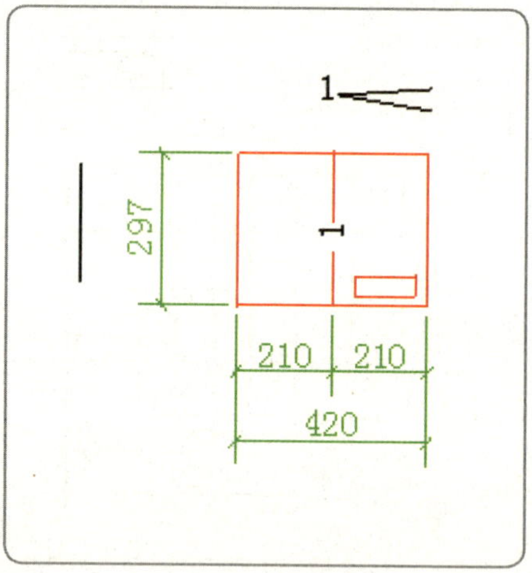

（4）A3 折成 A4

图纸折叠示例

A1 图纸折成 A4 尺寸：

（1）将 A1 图纸均分为 210mm 的四个部分

（2）将图纸由左向右对折一次，由左向右的目的是最后要留出图标栏

（3）以相同方式向右折叠第二次

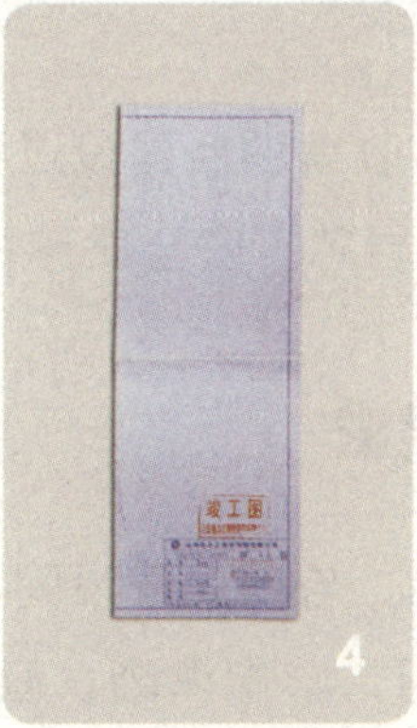

（4）将连续折叠两次的图纸翻过来向右折叠第三次，折后图标栏面朝上

（5）上下对折，留出图标栏

第七节　声像文件整理

声像档案主要包括照片档案以及录音录像档案。

一、照片整理

照片档案的整理应遵循有利于保持照片档案的有机联系、有利于保管、有利于提供利用的原则。

（一）照片的收集范围

1. 建设单位应收集项目建设原始地形地貌、重大事件、重要活动、人物的照片。

2. 参建单位应及时收集项目建设过程中隐蔽工程、关键节点工序、重要部位、施工缺陷、岩芯、安全质量控制等工程照片。

（二）照片的收集要求

1. 照片应及时收集，与项目建设同步进行。

2. 照片应主题鲜明，影像清晰，画面完整、未加修饰剪裁。数码照片命名准确。

3. 行业有规定的要按照行业要求开展照片的拍摄和收集工作。

（三）纸质照片的整理和归档

纸质照片主要根据《照片档案管理规范》（GB/T11821—2002）等标准制度的规定进行整理和归档。

1 分类

应纳入建设项目档案总体分类中，应在同一建设项目内按照建设程序、问题、部位、工序等进行分类。分类方案应保持一致，不应随意变动。

2 组卷

按照工程项目建设阶段、来源和问题，按照不同照片档案形成单位分别整理成册。

3 排列

应在分类方案的最低一级类目内，按问题结合时间、重要程度等进行排列。为便于提供利用，照片排列及入册时应同时考虑不同密级照片的定位。

4 编号

包括编制照片号、底片号、参见号、册号等（详见下文）。建议纸质照片要与建设项目档案统一编制照片册的档号，以照片册的档号作为册号。

5 编目

照片整理成册后，每一册要编写封面、备考表、册脊、卷内目录等。

（1）封面：可使用国家规定的标准照片册，封面应印制“照片册”字样。

（2）备考表：放在册内最后的位置，包括本册情况说明、立册人、检查人、立册时间等内容。本册情况说明应填写侧内照片缺损、补充、移出、销毁等情况，填写人应签名、标注时间。

（3）册脊：包括全宗号、保管期限、起止张号、册号。建议直接采用项目档案的脊背作为册脊。

（4）卷内目录：包括序号、照片号、底片号、题名、拍摄时间、备注组成。卷内目录的条目应根据分类原则，按单张照片或组合照片填写，并按照片号排列。

6 入册

照片册一般由297mm×210mm大小的若干芯页和封面、封底组成。芯页以30页左右为宜，有活页式和定页式两种。

7 说明

入册的单张照片要编写照片说明，照片说明应包括以下内容：

（1）题名：应简明概括、准确反映照片的基本内容。

（2）照片号：照片号是固定和反映每张照片在整个工程项目照片中的代码，同一项目的照片应连续编号，可以采用“册号一件号”的格式，册号是照片册的档号，件号是照片在相册中的顺序号，从“1”开始按顺序编号。

（3）底片号：有底片的照片，这里由档案保管单位填写底片号。经数码照片冲洗形成的纸质照片，建议不填写底片号。

（4）参见号：参见号是指与本张照片有密切联系的其他载体档案的档号。

（5）时间：照片的拍摄时间，用 8 位阿拉伯数字表示，如：1953 年 3 月 2 日写作 19530302。

（6）摄影者：一般填写个人，必要时可加写单位。

（7）文字说明：应综合运用事由、工序、部位、时间、地点、人物、背景等要素，概括揭示照片影像所反映的主要信息。反映重要活动、人物的照片，要明确标注事由和人物姓名。其他需要说明的事项亦可在此栏表述，例如照片归属权不属于本单位的，应注明照片版权、来源等。

8 保管

建设项目纸质照片档案应与建设项目档案统一编号，与其他照片档案统一保管存放。彩色照片档案的保管环境如下：

（1）长期贮存（指至少保存 100 年）：最高温度 2℃，相对湿度范围为 30% ～ 40%。

（2）中期贮存（指至少保存 10 年）：最高温度 25℃，相对湿度范围为 20% ～ 50%。

（四）数码照片的整理和归档

数码照片主要根据《数码照片归档与管理规范》（DA/T 50-2014）等标准制度的规定进行整理和归档。

1 基本要求

对反映同一内容、工序、部位的若干张数码照片，应选择其中具有代表性和典型性的输出纸质照片归档。所选数码照片应能反映该项活动的全貌，且主题鲜明，影像清晰、完整。反映同一场景的数码照片一般不超过三张。

2 格式

归档的数码照片应是用数字成像设备直接拍摄形成的原始图像文件，不能对数码照片的内容和 EXIF 信息进行修改和处理。归档的数码照片应为 JPEG、TIFF 或 RAW 格式，推荐采用 JPEG 格式，分辨率达到 300dpi 以上。

3 命名

建设项目数码照片的命名，建议主要反映工程部位、主要工序及拍摄主题等内容。

示例

国家电网公司《输变电工程安全质量过程控制数码照片管理工作要求》（基建安质〔2016〕56 号）对建设项目数码照片采集和整理进行了详细规定，命名规则为：

照片编码—拍摄时间—照片序号—拍摄主题 .jpg

照片编码、拍摄主题按照该文件的附件确定，附件中对所有输变电工程的活动和工序都明确了编码；

照片序号按照 3 位数字编号，如 000；

拍摄时间按照 YYMMDD 格式，如 160101。

输变电工程安全质量过程控制数码照片管理
工作要求

第一章 总 则

第一条 依据《国家电网公司基建质量管理规定》、《国家电网公司基建安全管理规定》、《国家电网公司输变电工程标准工艺管理办法》等制度，结合公司输变电工程项目管理实际，制定本工作要求。

第二条 输变电工程安全质量过程控制数码照片，是指公司系统投资建设管理的输变电工程，自项目开工到工程投运期间，按要求使用数码照片采集设备（相机或移动设备），对现场施工管理、作业过程、监督纠偏等关键场景进行实地拍摄，采集能够真实反映施工安全质量控制情况、与工程建设进度同步形成的数码照片。

第三条 本工作要求适用于公司建设管理的110kV及以上输变电工程项目管理，其他工程参照执行。

第二章 职责分工

第四条 国网基建部管理职责

（一）负责制定输变电工程安全质量过程控制数码照片管理制度，并组织对制度进行宣贯、培训和应用解释工作。

（二）指导、检查、监督和评价各省级公司（含各省、自治区、直辖市电力公司，国家电网公司直流建设分公司，国家电

《输变电工程安全质量过程控制数码照片管理工作要求》

4 分类和排列

数码照片可参照纸质照片进行分类和排列，组成多层级文件信息包或文件夹。行业有规定的应该按照行业规定进行。

示例

国家电网公司《输变电工程安全质量过程控制数码照片管理工作要求》（基建安质〔2016〕56 号）中要求将所有数码照片按照 5 级文件夹进行分类和排列。

1 级文件夹为单项工程；

2 级文件夹为“参建单位 + 专业”，如：“业主项目部安全管理数码照片”；

3 级文件夹为专业工作大类，如：“安全文明施工管理”“风险管理”“安全检查”等；

4 级、5 级文件夹为具体的工作、部位或活动。

附表 1

业主项目部安全管理数码照片采集及整理要求

1级 文件夹	2级 文件夹	3级 文件夹	4级 文件夹	照片数量	拍摄要求	命名规则	备注
××工程安全质量过程控制数码照片资料	××工程业主项目部安全管理数码照片	安委会重要活动	安委会会议	每次会议照片1张，	表现会议主题、主要参加单位或人员等内容的全景照片	11110-YYMMDD-N-第×次安委会会议	按规定无需组建安委会的单项工程，不需要采集照片。
			安全检查	每次检查留存安全问题及整改照片若干	表现不符合要求的安全问题照片	11120-YYMMDD-N-安全问题内容	整改后照片的拍摄部位、角度等应与原问题照片基本对应。
					整改后照片应能反映问题部位整改情况，以便对照	11121-YYMMDD-N 安全问题整改后	
		安全检查	安全例行检查	每次检查留存安全问题及整改照片若干	表现不符合要求的安全问题照片	11210-YYMMDD-N-安全问题内容	整改后照片的拍摄部位、角度等应与原问题照片基本对应。
					整改后照片应能反映问题部位整改情况，以便对照	11211-YYMMDD-N—安全问题整改后	
			安全专项检查	每次检查留存安全问题及整改照片若干	表现不符合要求的安全问题照片	11220-YYMMDD-N-安全问题内容	按要求组织开展或配合上级开展的各类安全专项检查，均应留存照片；整改后照片的拍摄部位、角度等应与原问题照片基本对应。
					整改后照片应能反映问题部位整改情况，以便对照	11221-YYMMDD-N-安全问题整改后	
		风险控制	/	四级及以上风险作业每次留存3张	全景照片1张，局部照片2张，应能反映风险控制措施落实情况及业主项目部人员到位监督场景。	11300-YYMMDD-N-施工部位风险控制内容	如：11300-160101-001-带电跨越35千伏洛黄线
		应急演练	/	每次演练留存若干	每张照片表现不同的演练内容。	11400-YYMMDD-N-应急演练内容	如：11400-160101-001-消防应急演练

5 著录和说明

建设项目的数码照片著录信息应根据实际情况合理确定。

（1）可对以下项目进行著录：全宗号、保管期限、年度、部门、（组）题名、参见号、摄影者、时间、文字说明、文件格式、开放状态等。

（2）文字说明应综合运用事由、时间、地点、人物、背景、摄影者等要素，概括揭示该张数码照片所反映的主要内容。

（3）文件格式是本张照片的计算机文件类型，包括 JPEG、TIFF 或 RAW。

（4）开放状态是本张照片是否开放的标记，开放为“Y”，不开放为“N”。

6 鉴定和检测

应参照电子文件归档有关要求对数码照片进行真实、完整、可用和安全方面的鉴定、检测。

7 归档

数码照片可通过存储到符合要求的脱机载体上进行离线归档，也可通过网络进行在线归档。

8 保管和备份

应纳入电子文件和电子档案进行管理。

二、录音录像文件整理

建设项目中形成的录音录像文件有电子文件，也有录音带、录像带等磁性载体文件。以电子文件居多。

（一）录音录像电子文件整理和归档

录音录像电子文件可以参照数码照片的整理和归档方式进行命名、分类、排列、著录、说明、鉴定、检测、归档、保管和备份。

注意

此外还应注意以下几点：

1. 视频电子文件宜采用 200 万以上像素拍摄。

2. 录像资料片、专题片宜将解说词同时归档。

3. 录音的文字整理稿，应完整、准确地反映录音内容，录音带需简要说明讲话人的姓名、职务、录制日期等。

（二）录音带、录像带等磁性载体文件整理和归档

录音带、录像带等磁性载体文件的分类、排列、编号等可以参照纸质档案进行，同时根据《磁性载体档案管理与保护规范》（DA/T 15—1995）等标准规定做好相关整理、归档和保管。

1. 归档一式两份，一份查阅，一份保管。

2. 重视载体的选择，禁止使用劣质软磁盘、磁带、录像带、录音带作载体。

3. 归档的文件必须是可读文件，在设备上演示或检测运转正常、无病毒、清洁、无划伤，确保文件的完整性和内容的准确性。

4. 同一项目同一类别的磁性载体文件应贮存在同种磁性载体上，同一盘（带）中存放多份文件的应建立磁性载体文件目录清单。

5. 归档的磁性载体文件应由文件形成部门编制归档说明。

（1）磁带（软磁盘）简要说明贮存文件内容、运行的软硬件环境、

版本号、文件的完善性和准确性等。

（2）录像片简要说明该片的内容、制式、语别、密级、规格和放映时间，同时归档一份可供查阅的备份录像片。

（3）录音带需要简要说明讲话内容、讲话人姓名、职务、录制日期、密级等。

6. 归档的磁性载体需贴标签。

（1）磁带（软磁盘）套、盒上需注明编号、档号、软件名称、版本号、文件数、密级、编制人、编制日期等标识。

（2）录像带盒上需标注带编号、档号、片名、放映时间、摄制单位、摄制日期、规格、制式、语别、密级等标识。

（3）录音带盒上需标注带编号、档号、讲话人姓名、职务、主要内容和录制日期、密级、讲话时间等。

7. 应做好有关磁性载体档案文字资料的收集和保管，包括：写操作日期、系列号、文件号、记录密度模式、当前目录、状态、生产者鉴定、使用日期及其他需要著录的内容。记录著录信息时，不得用铅笔或水溶性墨水。

8. 保管环境的基本要求：应在温度 15 ～ 27℃、相对湿度 40% ～ 60% 范围内选定一组值，一旦选定，在 24 小时内温度变化不超过 ±3℃，湿度变化不超过 ±5%。最佳环境温度是 18℃、相对湿度是 40%。

第八节　项目电子文件的整理和归档

与实体档案管理相同，项目电子文件形成部门负责电子文件的整理和归档工作；档案部门负责项目电子文件归档的指导、协调和电子档案接收、保管、利用等工作。

一、项目电子档案系统搭建

《建设项目档案管理规范》规定，项目管理信息系统应当具备电子文件及其元数据的管理归档功能，建设单位应建立项目电子档案管理系统，管理项目电子档案并确保系统和信息安全。项目电子档案是企业电子档案的一部分，项目电子档案系统建设应该纳入企业数字档案馆的建设统筹考虑，项目电子档案系统搭建应符合信息系统建设的一般规律和《企业数字档案馆（室）建设指南》有关要求。

（一）系统搭建原则

系统协同原则

项目管理信息系统与项目电子档案系统相辅相成，搭建电子档案系统既要兼容项目管理信息系统的接口和技术，也要对项目管理信息系统提出必要功能需求。

开放兼容原则

电子档案管理系统接口、数据、协议采用开放标准且兼容项目信息管理系统。尽量采用中立技术，减轻系统对运行环境的依赖性，提高兼容性，利于信息资源共建共享。

全程管控原则

项目管理信息系统应当对项目电子文件形成与流转实施有效控制，电子档案管理系统应对电子文件及其元数据具备管理、统计、利用等方面的功能。

安全保密原则

通过严密的身份认证、权限分配、跟踪审计等安全技术手段保障系统和数据的安全、稳定、保密。既要保障电子档案管理系统安全，又要保障项目信息管理系统安全。

（二）系统搭建步骤

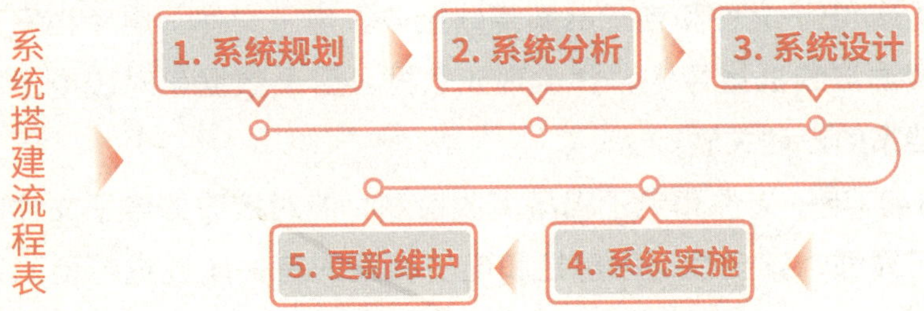

系统规划。包括系统建设项目可行性研究、项目预算、推进计划和方案等。

系统分析。包括业务分析、需求分析、规范制定等。档案管理部门在充分研究的基础上，对电子档案管理系统的功能需求进行细化，形成功能需求方案。功能需求方案既应符合实际需要，又要便于开发人员理解。

系统设计。包括选定开发商、商务谈判、签订合同、定制开发等。研发人员根据需求设计开展系统的功能设计。

系统实施。包括系统安装、基础数据准备、系统测试、人员培训、系统迁移和试运行、评价验收等。

更新维护。对系统进行运维、检修和升级，解决出现的系统故障或满足因业务变化带来的需求变化。

（三）系统功能设置

1 收集功能

（1）电子文件登记。具备元数据手工登记校验功能，可对电子文件元数据根据权限进行更改、删除、检索、全文挂接等操作。

（2）电子文件和电子档案在线接收。从业务系统和其他电子档案管理系统接收电子文件及其元数据。

（3）电子文件和电子档案离线接收。电子文件、电子档案和其他数字资源离线批量导入，并实现元数据、目录数据与对应电子文件、电子档案的自动关联。

（4）电子文件和电子档案接收检测。能对接收的电子文件的真实性、可靠性、安全性、可用性和电子档案的有关属性进行检测并进行标记。

（5）传统载体档案全文信息上传挂接。支持单个、批量文件上传等方式，能建立目录与其对应全文间的关联关系，并保持关联关系稳定。

2 整理功能

（1）分类。按照建设项目分类方案，将归档项目文件进行分类，给定分类代号，并支持多种分类方案。

（2）划定保管期限。按照档案保管期限表对归档文件划定保管期限。

（3）组件。对来自不同系统的归档电子文件按照组件规则组成“件”，并对件内文档按一定的规则进行排序。

（4）组成保管单位。能对归档文件按照设定规则自动或在人工干预下组成保管单位，并能按规则将保管单位内文件排序定位。能在人工干预下调整归档文件所属保管单位并重新排序定位。

（5）编号。依据档号编制规则形成档号。

（6）编目。提供规范的档案目录模板并支持进行目录模板制作，方便自动生成打印案卷封面、案卷目录、卷内目录、归档文件目录、全引目录、备考表、卷（盒）封面和脊背等。

（7）建立关联。具有建立同一件归档文件不同载体间或是文件间关联关系功能。

（8）表格导出。支持案卷封面、卷内目录、归档文件目录或全引目录、案卷目录、备考表等信息的通用格式文件导出功能。

3 保存功能

（1）电子档案存储格式转换与信息组织。支持电子档案存储格式的转换，按《电子档案移交与接收办法》和离线存储载体容量进行信息组织，将组织好的档案存至相应的离线存储载体上。

（2）电子档案长期保存。应支持采用迁移、仿真、封装、检测等方式保障数字档案信息的长期保管。能对非通用格式电子档案阅读所需要的原始软硬件在系统中进行标识。

（3）数据呈现。系统应依据电子档案保管和利用的业务要求分别建立相应数据库。能根据全宗归属、分类号、保管单位序号及其整理规则、件号、件内文档排列规则等将电子档案排列定位和呈现。

（4）备份。支持软件系统备份、数据库备份和电子档案备份，能根据数据重要程度选择在线、离线等不同的备份方式。

（5）定期鉴定。根据保管期限、归档日期、密级等属性自动列出到期档案，提醒系统管理员或档案管理员等进行销毁前鉴定和保管期限调整、利用开放、密级调整等相关操作。

（6）销毁管理。支持对需销毁档案进行销毁申请、审批、建立销毁标记、监销、删除等操作。

（7）移交。具备根据进馆要求或其他有关要求生成移交电子档案信息包等功能，对已移交的电子档案或其他数字资源进行移交时间及去向标识。

（8）介质管理。支持对介质的统一管理，系统管理员可根据介质保管的实际需求为相应电子档案设置相应的存储介质。具有介质预警功能，当剩余容量达到设定阈值时，通知系统管理员。

4 统计功能

应支持按照全宗、分类、时间、文件格式、利用情况等设定规则进行统计、结果显示和打印，并以电子文件形式输出统计数据，支持自定义报表功能。统计结果能按《全国档案事业统计年报制度》给定格式输出统计数据。

5 利用功能

（1）检索。支持按属性检索档案，具备精确检索、模糊检索、高级组合检索、筛选检索、关联检索、深入二次检索等多种检索方式；有条件的企业可开发全文检索功能。

（2）浏览。应支持对常见格式电子档案或其他数字资源进行浏览，支持常见格式多媒体电子档案或数字化档案信息的播放。应具有电子档案或数字化档案信息按权限下载功能。

（3）借阅。支持电子档案借阅申请、审批、授权，具有实体档案借阅预约、催还、归还等功能，审批流程符合规定。

（4）编研。支持用户根据实际需求设置编研专题，能自动将符合该专题条件的档案进行归集。

（5）开放利用设置。支持对目录数据及全文设置开放利用标识。

（6）复制管理。具有电子档案复制申请、审批功能，能够进行复制；具有实体档案复制申请、审批、复制件分发登记等功能。

（7）利用效果反馈。支持用户对利用档案产生的经济效益或社会效益进行反馈。

（8）知识管理。可根据需要开发知识管理功能，支持档案信息的知识标签、知识地图、档案信息深层次加工、档案信息主动推送等。

6 系统管理功能

（1）日志管理。记录系统启动和关闭、用户登录信息等，每条日志至少应记录操作对象、用户、时间、计算机、操作类型等属性。提供针对日志的检索、审计、统计、导出、删除、审批功能，支持按照一定规则自动生成日志审计报表。

（2）系统设置。支持档案流程化管理，根据不同类别档案管理要求设置相应管理流程，可对流程进行跟踪与回溯。支持代码表的设置维护，支持元数据的设置维护。

（3）用户管理。支持直接录入用户信息和通过接口方式读取其他系统中的用户信息，支持用户与IP地址绑定，支持“三员”分立。

（4）组织机构设置管理。支持直接录入组织机构信息和通过接口方式读取其他系统中的组织机构信息，支持组织机构的多级管理功能。

（5）权限管理。保证授权用户能够在其权限范围内进行合法操作。权限可以精细地控制指定用户对指定档案记录的访问和使用。系统应支持设置权限有效期，到期后系统自动取消权限。

（6）多全宗管理。可对纳入管理的每个立档单位建立全宗单位，支持全宗群管理，每个全宗单位有唯一全宗号、全宗名称。每个全宗单位的功能、档案类型、档案数据、机构组织、用户、流程、权限等相对独立、互不影响。

（7）工作过程记录管理。应具备详细记录类似全宗卷信息的功能，以记录数字档案馆（室）管理过程。

7 传统载体档案辅助管理功能

（1）传统载体档案信息采集。具备传统载体档案目录著录和全文挂接功能，目录数据项在满足国家有关标准要求的前提下，可根据需要增减。目录数据采集时应具有校验功能。

（2）档案存放位置管理。能根据库房余量和档案的全宗归属、分类、档号等规则对传统载体档案提出存放位置建议，并在位置确定后进行排列定位。

（3）智能库房管理。有条件的单位可设置智能库房管理功能，虚拟出档案所在位置；支持与库房硬件设备的集成，实现实体档案的快速定位、出库、入库、盘点等操作和温湿度智能调控。

8 其他

有条件的企业可根据自身需要，增加诸如文件材料分发控制、工作计划进度管理、业务监督指导等功能。

二、项目电子文件的整理

归档范围

电子文件的归档范围可以参照实体档案归档范围来制定，但电子文件的归档范围应该比实体档案更广，包括建设单位相关业务系统形成的电子文件、项目管理过程中有归档价值的往来邮件以及其他信息化手段形成的电子文件及元数据。

分类整理

项目电子文件在办理完毕后实时收集完整，并参照实体档案分类方案进行分类整理，组成多层级文件信息包，文件信息包应当包含项目电子文件及其元数据等信息。

鉴定检测

项目电子文件完成整理后，由形成部门负责对文件信息包进行鉴定和检测；鉴定和检测后，由相关责任人确认归档，赋予归档标志。归档标志中应当含有归档责任人、归档时间、文件信息包名称等信息。

三、项目电子文件的归档

（一）归档的一般流程

1

载体整理。 采取离线方式归档时，根据《建设项目档案管理规范》对存储介质进行处理和标记。不用软磁盘作为载体，归档光盘禁止使用粘贴标签，而是采用印刷的方式进行标识。

2

物理归档。 项目电子文件归档一般采用物理归档，采取在线归档或离线归档的方式向档案机构移交经过整理的项目电子文件。特殊情况下也可以采用逻辑归档。

3

归档检验。 项目电子文件归档时应由档案管理机构进行检验。鉴定载体外观、病毒、真实性、可靠性、完整性、可用性。

4

办理交接。 完成检验后，档案管理机构填写《电子文件归档登记表》（格式见附录一），检验合格后，办理交接手续。

（二）电子文件的检验

1 载体检验

外观完好，无划痕、无损伤，可正常使用。

2 病毒检验

系统环境中安装杀毒软件，归档信息包无计算机病毒。

3 真实性检验

（1）来源真实性。电子文件形成主体正确，流转手续完备。

（2）元数据准确性。分析元数据间逻辑关系，确定元数据的准确性。

（3）内容真实性。电子文件定稿后没有被修改的记录。

（4）归档信息包真实性。鉴定信息组织结构和内容是否符合要求，鉴定归档的信息包与归档部门发送的信息包是否一致。

4 可靠性检验

（1）归档的安全性。电子文件及其元数据经安全网络或专用离线存储介质传输、移交。

（2）流转的规范性。电子文件和元数据的形成、收集和归档全过程符合制度要求。

（3）符合实际。电子文件内容、元数据记录的信息和实际情况是相符的。

（4）具备效力。文件记载的信息有效，电子签名、电子章符合规定，没有电子签名和电子章的结合对元数据的分析，确定其实际效力。

5 完整性检验

（1）电子文件数据总量。交接表中记录的电子文件数量和字节数与实际归档的电子文件数量和字节数相符。

（2）元数据完整性。元数据项齐全完整，包括文件属性、档案著录信息、文件流转过程记录等，具有连续编号的元数据项（如归档号、件内顺序号等）无漏号现象等。

（3）内容完整性。归档电子文件的内容数据齐全完整，符合归档范围规定。

（4）归档信息包完整性。归档信息包的元数据和电子文件符合归档范围要求，电子文件和元数据一一对应。

6 可用性检验

（1）元数据可用性。元数据格式符合要求，元数据可以被正常访问。

（2）内容可用性。电子文件格式符合要求，内容数据符合归档要求，可以被正常打开和浏览，加密的电子文件已解密。

（3）软硬件环境。元数据中记录的软硬件环境信息符合归档要求，以专有格式归档的，其专用软件、技术资料等齐全完整。

（4）归档信息包可用性。归档信息包不包含影响其可用性的因素，例如使用非公开压缩算法、加密等。

（参考：刘畅然培训教材）

（三）电子文件归档格式

项目电子文件应当采用符合国家标准或能够转换成国家标准的文件格式，利于信息共享和长期保存。项目电子文件归档保存的文件格式应符合国家规定的电子档案长期保存的格式要求。

文本文件	可采用 PDF、PDF/A、OFD 等版式文件，或 RTF、WPS、DOCX、JPG、TIF、PNG 格式归档。
结构化数据	可采用 ET、XLS、DBF、XML 格式归档，或转为版式文件归档。
矢量图文件	根据形成软件不同，可采用 SVG、SWF、WMF、EMF、EPS、DXF、STEP 格式归档。
图像文件	可采用 JPG、TIF 格式归档。
影像文件	可采用 MPG、AVI、MP4、FLV 格式归档。珍贵且需要永久保存的可采用 MXF 格式归档。
音频文件	可采用 MP3、WAV 格式归档。其他格式的文件，原则上应转换成通用格式归档。

（参考：王艳明培训教材）

四、电子档案的保管

1 电子档案载体介质的保存

归档载体避免擦、划、触摸记录涂层。单片载体应装盒，竖立存放，且避免挤压。电子档案存放应远离强磁场、强热源，并与有害气体隔绝。

环境温度范围为：光盘：17～20℃，磁性载体（硬盘）：15～27℃；相对湿度选定范围：光盘：20%～50%，磁性载体（硬盘）：45%～60%。

2 电子档案的检测和转存

电子档案保管部门应定期对磁性载体和光盘进行抽样检查，抽样率不低于 10%；抽样检测过程中如果发现问题应扩大抽检范围或进行 100% 检测，并立即对发生永久性误差的磁性储存介质进行复制或更新。档案保管部门应定期将检验结果填入《电子档案管理登记表》。根据磁性载体和光盘的使用寿命，定期对电子档案进行转存。

3 电子档案的备份

项目电子档案保存实行备份制度，重要电子档案应当异地异质备份。

异地备份。异地备份的方式有很多种，可以在外地新建容灾备份中心，也可以与外地档案馆签订协议相互备份等。

异质备份。有近线备份和离线备份等方式。近线备份是采用磁带备份系统进行近线备份，当达到一定条件时可实施电子档案管理系统和数据库系统的热备份。离线备份是离线将电子档案拷贝在不同介质上进行备份。

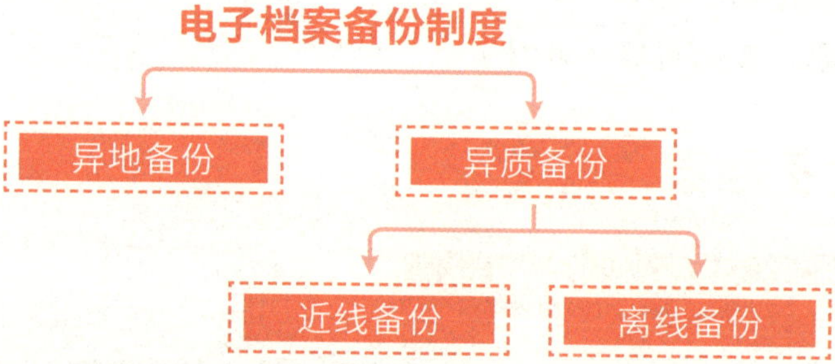

（参考：刘畅然培训教材）

五、纸质档案数字化

纸质档案数字化副本严格意义上来讲不属于项目电子文件，但在目前档案双套的模式下，纸质档案的数字化为保护纸质档案、提高档案利用效率方面起到了巨大作用。纸质档案数字化应符合《纸质档案数字化规范》（DA/T 31—2017）要求，并采取有效措施保障档案和信息的安全。

（一）数字化成果范围

纸质档案数字化成果包括数字图像、档案目录数据、元数据、数字化工作中产生的工作文件、存储载体等。

（二）数字化主要流程

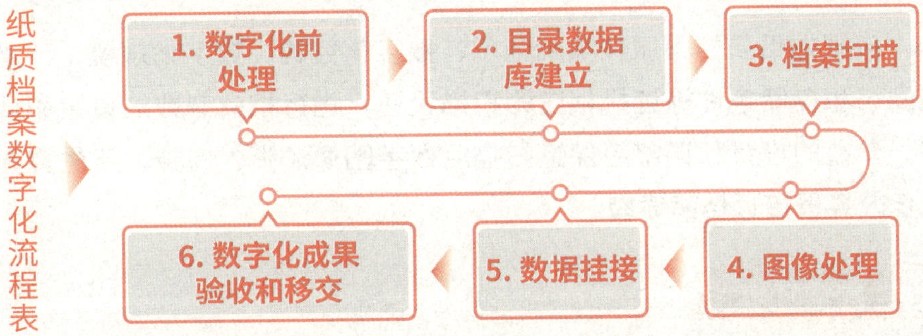

纸质档案数字化的基本环节主要包括：数字化前处理、目录数据库建立、档案扫描、图像处理、数据挂接、数字化成果验收和移交等。其基本流程如下：

1 数字化前处理

明确扫描范围，对不扫描的文件和页面进行标注；

检查带扫描档案的页码，不正确的重新编页；

校验档案目录，根据目录规则和档案原件做好比对、检查和标记等；

拆除装订，注意不要破坏档案原件；

对于破损和褶皱不平的档案进行技术修复。

2 目录数据库建立

制定目录数据库数据规则，包括数据字段长度、字段类型、字段内容等；

数据库设计要便于数据交换，利于档案的管理和利用；

数据库中的目录和纸质目录应一一对应，目录数据完整、准确；

对目录数据的质量进行检查，包括著录项目的完整性、著录内容的规范性和准确性等。

3 档案扫描

应根据纸质档案原件实际情况、数字化目的、数字化规模、计算机网络和存储条件等选择相应的扫描设备，进行相关参数的设置和调整。参数的设置和调整应保证扫描后数字图像清晰、完整、不失真，图像效果最接近档案原貌。

4 图像处理

主要包括图像拼接、旋转及纠偏、裁边、去污等工作，完成图像处理后，要对数字化加工的质量进行检查，检查重点是内容是否清晰、是否有漏扫、重扫、多扫等情况、数字化副本与原件是否对应、图像处理情况等。

5 数据挂接

应借助相关软件对数据库中的目录数据与其对应的纸质档案数字图像进行挂接，以实现目录数据与数字图像的关联。逐条对挂接结果进行检查，包括目录数据与纸质档案数字图像对应的准确性、已挂接数字图像与实际扫描数量的一致性、数字图像是否能正常打开等，发现错误及时进行纠正。

6 数字化成果验收和移交

档案部门自行或成立专门验收组，采用计算机自动检验与人工检验相结合的方式，对数字图像、目录数据、元数据、数据挂接、工作文件、存储载体等进行验收。验收合格的数据应按照纸质档案数字化工作方案及时移交，并履行交接手续。

（三）扫描设备和格式

1 扫描设备

扫描设备的选择应特别注意对档案实体的保护，尽量采用对档案实体破坏性小的扫描设备进行数字化。超出所使用扫描仪扫描尺寸的档案可采用更大幅面扫描仪进行扫描，也可以采用小幅面扫描仪分幅扫描后进行图像拼接的方式处理。

2 色彩模式

建议全部采用彩色模式进行扫描。页面中有红头、印章或插有照片、彩色插图、多色彩文字等的档案，应采用彩色模式进行扫描。页面为黑白两色，并且字迹清晰、不带插图的档案，也可采用黑白二值模式进行扫描。页面为黑白两色，但字迹清晰度差或带有插图的档案，也可采用灰度模式扫描。

3 分辨率

扫描分辨率应不小于200dpi。如文字偏小、密集、清晰度较差时，建议扫描分辨率不小于300dpi。需要进行COM输出的档案，扫描分辨率建议不小于300dpi；需要进行高精度仿真复制的档案，扫描分辨率建议不小于600dpi；需要进行印刷出版的档案，可结合档案幅面、印刷出版幅面、印刷精度要求等选择合适的分辨率。

4 存储格式

纸质档案数字图像长期保存格式为TIFF、JPEG或JPEG 2000等通用格式，图像压缩率的选择可根据实际应用的需求而定。纸质档案数字图像利用时，也可从网络浏览速度、易操作性、存储空间占用等方面进行综合考虑，将图像转换为PDF等其他格式。同一批档案应采用相同的存储格式。

5 图像命名

应以档号为基础对数字图像命名。图像命名方式的选择应确保图像命名的唯一性。建议将数字图像存储为单页文件，并按档号与图像流水号的组合对图像命名。数字图像确需存储为多页文件时，可采用该档案的档号对图像命名。应科学建立纸质档案数字图像的存储路径，确保数据挂接的准确性。

（四）图像处理和校验

1 图像拼接

对分幅扫描形成的多幅数字图像，应进行拼接处理，合并为一个完整的图像，以保证纸质档案数字图像的整体性。拼接时应确保拼接处平滑地融合，拼接后整幅图像无明显拼接痕迹。

2 旋转及纠偏

对不符合阅读方向的数字图像应进行旋转还原。对出现偏斜的图像应进行纠偏处理，以达到视觉上基本不感觉偏斜为准。

3 裁边

如需对数字图像进行裁边处理，应在距页边最外延至少 2 至 3 毫米处裁剪图像。

4 去污

如需对数字图像进行去污处理，以去除在扫描过程中产生的污点、污线、黑边等影响图像质量的杂质，应遵循展现档案原貌的原则，处理过程中不得去除档案页面原有的纸张褪变斑点、水渍、污点、装订孔等痕迹。

5 图像质量检查

（1）数字图像不完整、无法清晰识别或图像失真度较大时，应重新扫描。

（2）对于漏扫、重扫、多扫等情况，应及时改正。

（3）数字图像的排列顺序与档案原件不一致时，应及时进行调整。

（4）对数字图像拼接、旋转及纠偏、裁边、去污等处理情况进行检查，发现不符合图像质量要求时，应重新进行图像处理。

（五）数字化的安全要求

委托第三方进行数字化加工的建设项目，委托单位应与数字化加工单位签订保密协议，明确保密要求、责任及失泄密的处置措施。采取建立安防系统、加强数字化存储设备管理和数字化人员管理等措施，确保档案信息安全。依据《档案数字化外包安全管理规范》（档办发〔2014〕7 号），从档案部门、数字化服务机构、数字化场所、数字化加工设备、档案实体、数字化成果移交接收与设备处理等层面执行严格的安全管理要求。

附 录

附 录

一、电子文件归档登记表

电子文件归档登记表

<table>
<tr><td>单位名称</td><td colspan="3"></td></tr>
<tr><td>归档时间</td><td></td><td>归档电子文件门类</td><td></td></tr>
<tr><td>归档电子文件数量</td><td colspan="3">卷　件　张　分钟　字节</td></tr>
<tr><td>归档方式</td><td colspan="3">□在线归档　□离线归档</td></tr>
<tr><td>检验项目</td><td colspan="3">检验结果</td></tr>
<tr><td>载体外观检验</td><td colspan="3"></td></tr>
<tr><td>病毒检验</td><td colspan="3"></td></tr>
<tr><td>真实性检验</td><td colspan="3"></td></tr>
<tr><td>可靠性检验</td><td colspan="3"></td></tr>
<tr><td>完整性检验</td><td colspan="3"></td></tr>
<tr><td>可用性检验</td><td colspan="3"></td></tr>
<tr><td>技术方法与相关软件说明登记表、软件、说明资料检验</td><td colspan="3"></td></tr>
<tr><td colspan="2">电子文件形成或办理部门（签章）

年　月　日</td><td colspan="2">档案部门（签章）

年　月　日</td></tr>
</table>

注：归档电子文件门类包括：文书，科技，专业，声像，电子邮件，网页，社交媒体，[其他]。

二、竣工图章、竣工图审核章式样

图 1 和图 2 给出了竣工图章、竣工图审核章的式样。

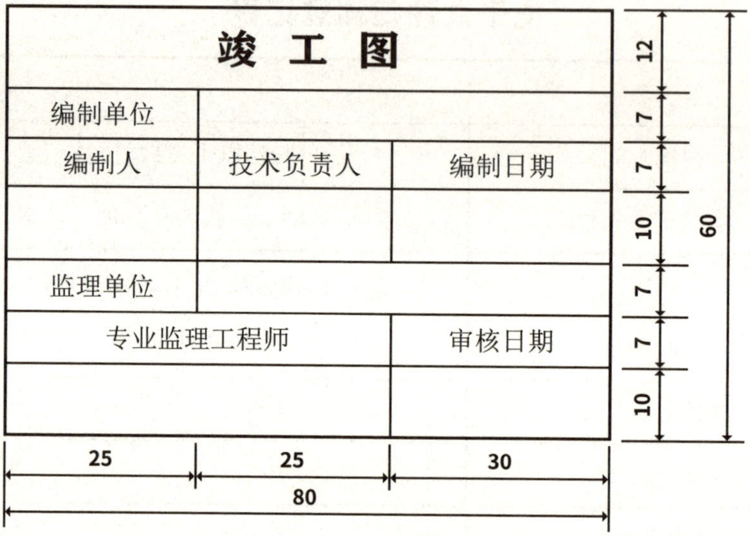

图 1　竣工图章式样　　　　单位：mm

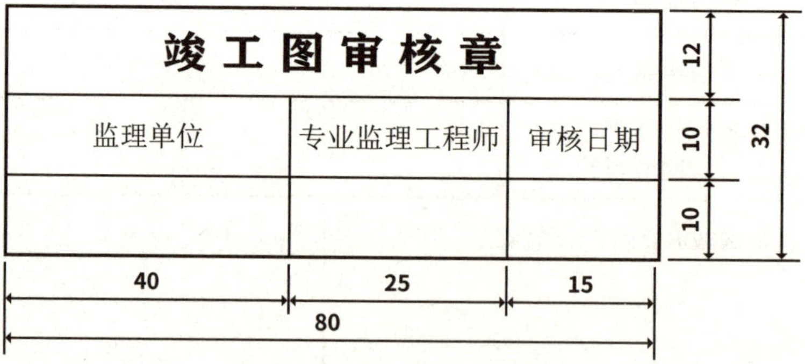

图 2　竣工图审核章式样　　　　单位：mm

三、项目档案工作重要制度

（一）国家政策法规和标准

1.《中华人民共和国档案法》

标准、文号	中华人民共和国主席令第七十一号
背景	1996 年 7 月 5 日第八届全国人民代表大会常务委员会第二十次会议通过，1996 年 7 月 5 日公布施行。
适用范围	中华人民共和国
内容概览	共六章：第一章、总则，第二章、档案机构及其职责，第三章、档案的管理，第四章、档案的利用和公布，第五章、法律责任，第六章、附则。
作用和意义	是我国国家最高权力机关颁布的关于档案事业的第一部法律，是协调国家机关、集体单位和公民三者在档案方面关系的法律准绳，明确了国家管理档案的范围，规定了我国档案工作的利用和公布办法，规定了社会组织和公民对档案的权力和义务，标志着我国的档案工作从此走上了“以法治档”的轨道。

2.《中华人民共和国档案法实施办法》

标准、文号	国家档案局第 5 号令
背景	1999 年 5 月 5 日国务院批准修订，1999 年 6 月 7 日重新发布。
适用范围	中华人民共和国
内容概览	共六章：第一章、总则，第二章、档案机构及其职责，第三章、档案的管理，第四章、档案的利用和公布，第五章、罚则，第六章、附则。
作用和意义	《办法》属于部门规章的范畴，对《档案法》进行了补充和解释，为《档案法》的执行提供了参考。

3.《科学技术档案工作条例》

标准、文号	国发〔1980〕302 号
背景	1980 年 12 月 9 日国务院批准，1980 年 12 月 27 日国家经济委员会、国家基本建设委员会、国家科学技术委员会、国家档案局发布。
适用范围	各行业科学技术档案工作
内容概览	共六章：第一章、总则，第二章、科技文件材料的形成和归档，第三章、科技档案的管理，第四章、科技档案工作管理体制，第五章、科技档案干部，第六章、附则。
作用和意义	《条例》属于法规文件的范畴，主要目的是建立、健全科学技术档案工作，指导各行业、企业完整保存和科学地管理科学技术档案，充分发挥科技档案在社会主义现代化建设中的作用。

4.《科学技术档案案卷构成的一般要求》

标准、文号	GB/T11822—2008
背景	2008 年 11 月 13 日发布，2009 年 5 月 1 日实施，代替 GB/T11822—2000。
适用范围	本标准适用于一般科学技术档案的案卷整理，专业性较强和非纸质载体科学技术档案的案卷整理可参照本标准。
内容概览	共 7 部分：1. 范围，2. 规范引用文件，3. 术语和定义，4. 案卷组织，5. 案卷和案卷内科技文件排列，6. 案卷编目，7. 案卷的装订。
作用和意义	本标准规定了科学技术档案案卷的组卷原则和方法、案卷和案卷内文件材料的排列、案卷的编目、案卷的装订、卷盒、表格规格及其制成材料的质量要求，科学技术档案整理的最基本标准。

5.《照片档案管理规范》

标准、文号	GB/T 11821—2002
背景	2002 年 12 月 4 日批准，2003 年 5 月 1 日实施。
适用范围	本标准适用于各级各类档案室、档案馆的照片档案管理。
内容概览	共 6 部分：1. 范围，2. 规范引用文件，3. 术语和定义，4. 照片档案的收集，5. 照片档案的整理，6. 照片档案的保管。
作用和意义	本标准规定了银盐感光材料照片档案的收集要求、整理程序和保管条件。建设项目的照片资料可参照本标准进行收集、整理并归档。

6.《电子文件归档与电子档案管理规范》

标准、文号	GB/T18894—2016
背景	2016 年 8 月 29 日发布，2017 年 3 月 1 日实施，代替 GB/T18894—2002。
适用范围	本标准适用于机关、团体、企事业单位和其他组织在处理公务过程中产生的电子文件归档与电子档案管理，其他活动中产生的电子文件归档与电子档案管理可参照执行。
内容概览	共 10 部分：1. 范围，2. 规范引用文件，3. 术语和定义，4. 总则，5. 业务系统和电子档案管理系统，6. 电子文件归档范围，7. 电子文件的收集与整理，8. 电子文件归档与电子档案编目，9. 电子档案的管理，10. 电子档案的处置。
作用和意义	本标准规定了在公务活动中产生的，具有保存价值的电子文件的收集、整理、归档与电子档案的编目、管理与处置的一般方法。

7.《技术制图、复制图的折叠方法》

标准、文号	GB/T 10609.3—2009
背景	2009 年 11 月 30 日发布，2010 年 7 月 1 日实施，是对 GB/T10609.3—1987 的修订。
适用范围	本标准适用于手工折叠或机器折叠的复制图及有关的技术文件，当设计各种归档和管理器具以及设计折叠器时，亦可参照使用。
内容概览	共 4 部分及附录：1. 范围，2. 规范引用文件，3. 基本要求，4. 折叠方法。附录明确了装订胶带的尺寸。
作用和意义	本标准对于建设项目中施工图纸和竣工图纸折叠成为符合归档要求的 A4 大小幅面具有很强的借鉴和指导价值。

（二）档案标准和制度规范

1.《全宗卷规范》

标准、文号	DA/T 12—2012
背景	国家档案局 2012 年 11 月 15 日发布，2013 年 1 月 1 日实施，替代 DA/T 12—1994。
适用范围	本标准适用于各级各类档案馆和档案室。
内容概览	共 8 部分及附录：1. 范围，2. 规范引用文件，3. 术语和定义，4. 全宗卷编制原则，5. 全宗卷的内容构成，6. 全宗卷的整理，7. 全宗卷的管理，8. 卷盒及目录格式。附录展示了卷盒及目录的图示。
作用和意义	本标准规定了全宗卷的编制原则、内容构成、整理方法和基本格式。对于建设项目来讲，可以参照本标准的有关要求做好“项目档案管理卷”的编制。

2.《磁性载体档案管理与保护规范》

标准、文号	DA/T 15—1995
背景	国家档案局 1996 年 2 月 26 日发布，1996 年 10 月 1 日实施。
适用范围	本标准适用于机关、团体、企事业单位的磁性载体文件和磁性载体档案的管理与保护。不适用于计算机光盘、激光视盘和激光唱盘。
内容概览	共 7 部分及附录：1. 范围，2. 引用标准，3. 定义，4. 积累，5. 磁性载体文件的归档要求，6. 磁性载体档案的管理，7. 磁性载体档案贮存与保护。附录主要筛选劣质磁带的试验、磁性载体档案遭受高温、水泡的处理方法、工作间要求。
作用和意义	本标准规定了对磁性载体文件的积累、归档要求和磁性载体档案的管理、贮存与保护等诸环节的要求。

3.《建设项目档案管理规范》

标准、文号	DA/T 28—2018
背景	由国家档案局于 2018 年 4 月 9 日发布，2018 年 10 月 1 日实施，替换《国家重大建设项目文件归档要求与档案整理规范》（DA/T 28—2002）。
适用范围	本标准适用于新建、改建、扩建和技术改造等建设项目。
内容概览	共 10 部分及附录，分别是：1. 范围，2. 规范性引用文件，3. 术语和定义，4. 总则，5. 项目档案工作组织及职责任务，6. 制度规范建设，7. 项目文件管理，8. 项目档案管理，9. 项目电子文件归档与电子档案管理，10. 项目档案移交。附录包括竣工图章式样和归档范围和保管期限等内容。
作用和意义	新标准区分了项目文件和项目档案的概念，强调了项目档案的源头控制和全程管理，指出了项目档案工作要融入项目建设，提出了项目电子文件归档的前瞻性要求，适应新时代发展需求，具有极强的指导意义。

4.《纸质档案数字化规范》

标准、文号	DA/T 31—2017
背景	由国家档案局于2017年8月2日发布，2018年1月1日实施，替代DA/T31—2005《纸质档案数字化技术规范》。
适用范围	本标准适用于采用扫描设备对纸质档案的数字化加工过程的管理。
内容概览	共13部分：1.范围，2.规范引用文件，3.术语和定义，4.总则，5.组织与管理，6.档案出库，7.数字化前处理，8.目录数据库建立，9.档案扫描，10.图像处理，11.数据挂接，12.数字化成果与验收，13.档案归还入库。
作用和意义	规定了数字化工作的基本环节及技术要求，对数字化成果验收的方法、验收内容和验收指标也做了说明。

5.《电子文件归档光盘技术要求和应用规范》

标准、文号	DA/T 38—2008
背景	国家档案局2008年4月24日发布，2008年7月1日实施。
适用范围	本标准适用于我国档案部门电子文件的光盘归档和管理。
内容概览	共12部分及附录：1.范围，2.规范引用文件，3.术语和定义，4.电子文件归档所用CD-R/DVD±R光盘的主要技术指标，5.归档光盘的标签，6.光盘数据刻录，7.归档光盘的备份，8.归档前检测，9.归档光盘的保存、使用和维护，10.归档光盘保存，工作和检测的环境条件，11.归档光盘的三级预警和性能监测，12.归档光盘的数据迁移策略。附录说明了档案级光盘生产的原材料选择、加工工艺和出厂质量检测、光盘检测设备的检测光路和光学头、光盘加速老化寿命试验、分析实验室用水规格、样本量字码表及正常检验一次抽样方案表、可记录光盘DVD+R/-R常规检测参数、光盘数据刻录的写策略、最佳写功率控制等内容。

续表

作用和意义	本标准规定了电子文件归档所用 CD-R/DVD±R 光盘的主要技术指标，光盘标签，光盘数据刻录及备份要求，性能检测、保存及使用要求，三级预警线设置及数据迁移策略。

6.《版式电子文件长期保存格式需求》

标准、文号	DA/T 47—2009
背景	由国家档案局于 2009 年 12 月 16 日发布，2010 年 6 月 1 日实施。
适用范围	适用于各级各类档案馆、机关、团体、企业事业单位和其他社会组织遴选归档保存版式电子文件格式，也适用于版式电子文件格式标准的制定与相关软件开发。
内容概览	共 5 部分：1. 范围，2. 规范引用文件，3. 术语和定义，4. 版式电子文件长期保存格式就满足的需求，5. 测试与评估。
作用和意义	本标准基于长期保存和利用的需求确定版式电子文件应具有的格式特征，为制定版式电子文件格式标准，开发相应的制作、阅读、打印等软件提供依据。保证电子文件的长期可读、可解析、可理解。

7.《数码照片归档与管理规范》

标准、文号	DA/T 50—2014
背景	由国家档案局于 2014 年 12 月 31 日发布，2015 年 8 月 1 日实施。
适用范围	本标准适用于机关、团体、企事业单位和其他社会组织数码照片的收集、归档与管理工作。
内容概览	共 7 部分：1. 范围，2. 规范引用文件，3. 术语和定义，4. 归档，5. 整理和著录，6. 存储和保管，7. 利用和鉴定销毁。

续表

作用和意义	数码相机拍摄的数码照片能够真实并且详细地记录社会与个人的活动，具有很高的保存价值，将数码照片进行分类收录，就形成了数码照片档案。本标准规定了数码照片归档、整理、著录、存储、保管、利用和销毁的基本要求，为今后数码照片档案管理工作的开展提供规范依据。

8.《录音录像类电子档案元数据方案》

标准、文号	DA/T 63—2017
背景	经国家档案局批准，江西省档案局于 2011 年着手开展录音录像类电子档案元数据标准化研究工作，2014 年开始文本编制工作，2017 年 8 月最终成果《录音录像类电子档案元数据方案》（DA/T 63—2017）正式发布，并于 2018 年 1 月 1 日起实施。
适用范围	适用于各级机关、团体、企业事业单位和国家档案馆。管理以卷、件为管理单元的录音、录像类电子档案、经数字化转换形成的录音、录像档案数字副本的管理可参照执行。
内容概览	共 8 部分：1. 范围，2. 规范引用文件，3. 术语和定义，4. 元数据实体及元数据描述方法，5. 档案实体元数据描述，6. 业务实体元数据描述，7. 机构人员实体元数据描述，8. 授权实体元数据描述。
作用和意义	规定了录音、录像类电子档案元数据实体及其元数据构成，涉及录音、录像类电子文件形成、归档和电子档案移交、接收、利用、迁移、处置等全过程。可指导录音、录像类电子档案元数据的捕获及电子档案管理系统、数字档案馆与该系统相关功能的研制。

9.《国家重点建设项目档案管理登记办法》

标准、文号	档发字〔1997〕15 号
背景	国家档案局和国家计委于 1997 年 8 月 19 日联合发文。
适用范围	国家重点建设项目
内容概览	共八条，对重点建设项目档案管理登记的组织、要求、罚则和保障措施等方面进行了规定。
作用和意义	对于档案行政管理部门及时掌握国家重点建设项目档案工作情况提供了抓手和依据，便于加强对建设项目档案的监督和指导。

10.《城市建设档案归属与流向暂行办法》

标准、文号	档发字〔1997〕20 号
背景	国家档案局 1997 年 7 月 28 日发布，经 2011 年 1 月 28 日国家档案局局务会议审议。
适用范围	在城市规划、建设及其管理工作中形成的应当归档保存的文字、图表等各种载体的文件材料。
内容概览	共四章：第一章、总则，第二章、城市建设档案归属和流向，第三章、城市建设档案的报送与接收要求，第四章、附则。
作用和意义	本标准规定了城市规范建设过程中形成的具有保存价值的文件、图纸、录音、录像的收集、整理、归档与档案的编目、管理与处置的一般方法，并明确了进馆验收标准。

11.《重大建设项目档案验收办法》

标准、文号	档发〔2006〕2号
背景	为加强重大建设项目档案管理工作，确保重大建设项目档案的完整、准确、系统和安全，国家档案局、国家发展和改革委员会于2006年6月14日发布。
适用范围	本办法适用于各级政府投资主管部门组织或委托组织进行竣工验收的固定资产投资项目。
内容概览	共24条，主要对项目验收组织及成员组成、验收申请条件及内容，验收方式及依据等方面作出了明确的规定。
作用和意义	项目档案是项目建设、管理过程中形成的，具有保存价值的各种形式的历史记录。项目档案验收是项目竣工验收的重要组成部分。未经档案验收或档案验收不合格的项目，不得进行或通过项目的竣工验收。本办法规定了重大建设项目档案验收的标准和要求，对规范各级项目档案验收工作提供了依据。

12.《国家电子政务工程建设项目档案管理暂行办法》

标准、文号	档发〔2008〕3号
背景	为了贯彻落实《国务院关于投资体制改革的决定》，全面加强国家电子政务工程建设项目管理，保证工程建设质量，提高投资效益，经国家发展和改革委员会主任办公会讨论通过，自2007年9月1日起施行。

续表

适用范围	适用于使用中央财政性资金的国家电子政务工程建设项目，其他信息化建设项目档案管理
内容概览	共四章，第一章、总则，第二章、档案的收集与整理，第三章、档案移交和管理，第四章、档案验收，其中包括验收的主要内容及要求。
作用和意义	在电子政务项目的申报审批、建设实施到运行管理等全过程中,同步开展项目档案建设工作,形成的档案要进行档案验收,未进行档案验收或档案验收不合格的，不得通过电子政务项目的竣工验收。

13.《水利水电工程移民档案管理办法》

标准、文号	档发〔2012〕4 号
背景	于 2012 年 4 月 23 日由国家档案局、水利部、国家能源局印发。
适用范围	适用于大中型水利水电工程移民档案管理，其他水利水电工程可参照执行。
内容概览	共六章和附录：第一章、总则，第二章、管理与职责，第三章、归档与移交，第四章、移民档案验收，第五章、奖励与处罚，第六章、附则，附录是归档范围与保管期限表。
作用和意义	本标准规定了在移民过程中产生的，具有保存价值的文件、录音、录像的收集、整理、归档与档案的编目、管理与处置的一般方法，并明确了验收标准。

14.《电子档案移交与接收办法》

标准、文号	档发〔2012〕7 号
背景	经国家电子文件管理部际联席会议第二次会议和国家档案局局务会议审议通过，国家档案局 2012 年 8 月 29 日印发。
适用范围	本办法适用于各级档案移交单位和各级国家综合档案馆，其他单位和档案馆可参照执行。
内容概览	共四章：第一章、总则，第二章、电子档案移交，第三章、电子档案接收，第四章、附则。
作用和意义	本标准规定了规范电子档案移交与接收工作有关要求，对于确保电子档案的真实、完整、可用和安全，保存党和国家历史记录，促进档案信息资源开发利用具有重要作用。

15.《建设项目电子文件归档和电子档案管理暂行办法》

标准、文号	档发〔2016〕11 号
背景	为加强建设项目档案工作，规范建设项目电子文件归档和电子档案管理，使档案工作更好地服务国家建设项目的建设、运行和管理，国家档案局和国家发展改革委员会共同制定了《建设项目电子文件归档和电子档案管理暂行办法》，于 2016 年 11 月 4 日发布实施。
适用范围	适用于中央和省级政府投资主管部门审批、核准和备案的建设项目，其他建设项目可参照执行。
内容概览	共 32 条款，侧重电子文件和档案的管理。主要围绕管理原则、工作机制、职责分工、电子文件的收集、审查、归档以及电子档案的保管、备份、信息系统建设维护等几个方面对电子文件归档和电子档案管理提出要求。
作用和意义	规范建设项目电子文件归档和电子档案管理，维护电子文件和电子档案的真实、完整、可用和安全，提高管理效率，促进信息共享，便于长期保存。

（三）行业标准和制度规范

1.《核电文件档案管理要求》

标准、文号	EJ/T1225—2008
背景	由中国核工业集团公司和中国广东核电集团有限公司提出，由国防科学技术工业委员会于 2008 年 3 月 17 日发布，2008 年 10 月 1 日实施。
适用范围	适用于核电业主和（或）运营单位（运营公司）、核电项目的总承包商（工程公司或建设单位）和专业分包商等单位及其文档部门、职能部门及其全体工作人员对核电文件档案的管理。
内容概览	共 7 部分及附录，分别是：1. 范围，2. 规范引用文件，3. 术语和定义，4. 管理原则和基本要求，5. 管理职责，6. 管理流程，7. 文档管理系统要求。附录包括保管期限和归档范围表、归档交接清单、备考表等表格式样。
作用和意义	侧重档案管理的范畴，规定了核电文件档案的管理原则、管理职责、管理流程和管理系统等要求，对核电建设项目档案管理也具有很重要的指导作用。

2.《水电建设项目文件收集与档案整理规范》

标准、文号	DL/T1396—2014
背景	由中国电力建设企业协会提出，由国家能源局于 2014 年 10 月 15 日发布，2015 年 3 月 1 日实施。
范围	适用于水电建设项目档案的管理。
内容概览	共 12 部分及附录，分别是：1. 范围，2. 规范性引用文件，3. 术语和定义，4. 总则，5. 职责，6. 项目文件编制，7. 项目文件收集，8. 项目文件整理，9. 照片收集与整理，10. 电子文件收集与整理，11. 实物档案收集与整理，12. 项目档案移交。附录包括管理流程、档案分类、归档范围和保管期限、档案用表等内容。
作用和意义	规定了水电建设项目各参建单位的档案管理职责，项目文件收集、整理及档案移交等基本工作程序与要求。

3.《火电建设项目文件收集及档案整理规范》

标准、文号	DL/T241—2012
背景	由中国电力企业联合会提出，由国家能源局于2012年4月6日发布，2012年7月1日实施。
范围	适用于火力发电建设项目及核电常规岛工程。
内容概览	共13部分及附录，分别是：1.范围，2.规范性引用文件、3.术语和定义，4.总则，5.管理职责，6.项目文件收集，7.项目文件编制，8.项目文件整理，9.照片收集与整理，10.电子文件归档与整理，11.工程质量相关实物的收集与整理，12.项目档案移交，13.项目档案专项验收组织与评价。附录包括归档范围和保管期限等内容。
作用和意义	明确了建设单位和参建单位的档案管理职责，规范统一了火电建设项目档案工作标准，对于保障项目档案与项目建设同步管理，确保项目档案的完整、准确、系统和有效利用具有重要指导作用。

4.《风力发电企业科学技术档案分类规则与归档管理规范》

标准、文号	DL/T241—2012
背景	由中国电力企业联合会提出，由国家能源局于2010年4月6日发布，2010年7月1日实施。
适用范围	适用风力发电企业科学技术档案管理。
内容概览	共8部分及附录，分别是：1.范围，2.规范性引用文件，3.总则，4.归档要求，5.分类规则，6.案卷的组织、排列及装订，7.档号的标识，8.档案的审核移交与验收。附录包括档案分类与档案移交签证单、归档范围和保管期限等内容。
作用和意义	规定了风力发电企业科学技术档案的分类规则、分类表、档号标识及其归档组卷要求。对风力发电建设项目档案的整理和归档有重要的参考价值。

5.《国家电网有限公司电网建设项目档案管理办法》

标准、文号	国家电网办〔2018〕1166 号
背景	为加快推进电网建设项目档案管理的标准化和规范化工作，确保电网建设项目档案的完整、准确、系统、规范、安全和有效利用，国家电网有限公司于 2018 年 12 月 29 日印发。
适用范围	适用于国家电网有限公司总（分）部、各单位（含全资、控股单位）新建、扩建、改建电网建设项目的档案管理工作，电网大修、技改项目及抽水蓄能、新能源等其他建设项目可参照执行。
内容概览	共八章及附表，分别是：第一章、总则，第二章、职责与分工，第三章、项目文件的形成、收集与整理，第四章、项目电子文件归档与电子档案管理，第五章、归档与移交，第六章、档案验收，第七章、档案保管，第八章、附则。附表是归档范围和保管期限表以及档案交接文据式样。
作用和意义	明确了电网建设项目档案的管理原则、工作机制、组卷标准、归档范围等内容，是开展新时代电网建设项目档案管理的根本依据文件。

6.《国家电网有限公司电网建设项目档案验收办法》

标准、文号	国家电网办〔2018〕1166 号
背景	为进一步加强电网建设项目档案工作，规范公司电网建设项目档案验收程序和标准，确保项目档案的完整、准确、系统和安全，国家电网有限公司于 2018 年 12 月 29 日印发。
适用范围	适用于公司各电压等级的新建、改建、扩建电网建设项目，电网大修、技改项目及抽水蓄能、新能源等其他建设项目可参照执行。
内容概览	共五章及附录，分别是：第一章、总则，第二章、验收组织，第三章、验收准备，第四章、验收程序及内容，第五章、附则。附录是验收评价参考表、验收单据格式等内容。
作用和意义	明确了电网建设项目档案验收的一般程序和要求，对于保障电网建设项目档案质量具有重要作用。

7.《公路建设项目文件材料立卷归档管理办法》

标准、文号	交办发〔2010〕382 号
背景	由交通运输部于 2010 年 8 月 9 日印发。
适用范围	适用于新建、改建和扩建公路建设项目文件材料立卷归档管理工作。
内容概览	共六章及附录，分别是：第一章、总则，第二章、公路建设项目文件材料立卷归档工作组织与职责，第三章、公路建设项目文件材料的收集，第四章、公路建设项目文件材料的整理，第五章、公路建设项目档案的移交和汇总整理，第六章、附则。附录是归档范围和归档单位。
作用和意义	全面规范了公路建设项目文件材料立卷和归档工作，对提高项目档案质量具有重要指导意义。对各类型公路建设项目以及高速公路大修项目都具有很高的参考价值。

8.《中国铁路总公司铁路建设项目档案管理办法》

标准、文号	铁总档史〔2018〕29 号
背景	由中国铁路总公司于 2018 年 2 月 15 日印发。
适用范围	适用于中国铁路总公司及所属企业作为项目法人的新建、改建和扩建的铁路建设项目，以及铁路总公司及所属企业控股的合资铁路建设项目。
内容概览	共八章及附录，分别是：第一章、总则，第二章、组织职责，第三章、收集整理，第四章、归档移交，第五章、项目档案管理，第六章、项目电子文件归档与电子档案管理，第七章、项目档案验收，第八章、附则。附录是归档范围和保管期限表。

续表

作用和意义	是 2017 年国家档案局委托中国铁路总公司开展的《铁路建设项目档案工作制度建设研究》项目成果之一，依据国家法规、标准，结合铁路建设特点，从铁路建设项目管理的组织职责、项目文件的收集整理、归档移交、项目档案的管理以及电子档案的管理等方面提出要求。《办法》的制定对全面加强铁路建设项目档案工作，确保铁路建设项目档案完整、准确、系统、规范和安全，提高铁路建设项目档案管理水平具有重要作用。

9.《水利工程建设项目档案管理规定》

标准、文号	水办〔2005〕480 号
背景	由水利部于 2005 年 11 月 1 日发布，2005 年 12 月 10 日实施。
范围	适用于大中型水利工程，其他水利工程可参照执行。
内容概览	共五章，分别是：第一章、总则，第二章、档案管理，第三章、归档与移交要求，第四章、档案验收，第五章、附则。
作用和意义	对于加强水利工程建设项目（以下简称“水利工程”）档案管理工作，明确档案管理职责，规范档案管理行为，充分发挥档案在水利工程建设与管理中的作用具有重要指导意义。

四、建设项目文件归档范围和保管期限表

转自 T28 附录 B.1

序号	归档文件	保管期限
1	立项文件	
1.1	项目策划、筹备文件	永久
1.2	项目建议书、预可行性研究报告、可行性研究报告、初步设计及投资概算审批文件	永久
1.3	项目咨询、评估、论证文件	永久
1.4	项目审批、核准、备案申请报告及批复、补充文件、项目变更调整文件	永久
1.5	项目规划选址、环境影响、水土保持、职业安全卫生、节能、消防、建设用地用海、文物、地震安全性评价、压覆矿产资源、林地、水资源等专项报审和批复文件	永久
1.6	水、暖、电、气、通信、排水等审批、配套协议	永久
1.7	大宗原材料、燃料供应等协议	永久
2	招标投标、合同协议文件	
2.1	招标计划及审批文件，招标公告、招标书、招标修改文件、答疑文件、招标委托合同、资格预审文件	30
2.2	中标的投标书、澄清、修正补充文件	永久
2.3	未中标的投标文件（或作资料保存）	10 年（或项目审计完成）
2.4	开标记录、投标人员签字表、评标纪律、评标办法、评标细则、打分表、汇总表、评审意见	30
2.5	评标报告、定标文件、中标通知书	永久

续表

序号	归档文件	保管期限
2.6	市场调研、技术经济论证采购活动记录、谈判文件、询价通知书、响应文件，供应商的推荐、评审、确定文件，政府采购、竞争性谈判、单一来源采购协商记录、质疑答复	30
2.7	合同准备、谈判、审批文件、合同书、协议书，合同执行、合同变更、合同索赔、合同了结文件、合同台账	永久
3	勘察、设计文件	
3.1	工程选址、地质、水文、勘察报告、地质图、地形图、化验、试验报告、重要土、岩样及说明	永久
3.2	地形、地貌、控制点、建筑物、构筑物及重要设备安装测量定位、观测监测记录	永久
3.3	气象、地震等其他设计基础资料	永久
3.4	总体规划论证、审批文件	永久
3.5	方案论证、设计及审批文件	永久
3.6	技术设计审查文件、招标设计报告及审查文件	永久
3.7	施工图设计审查文件、供图计划	永久
3.8	施工图、施工技术要求、设计通知、设计月报	30
3.9	技术秘密、专利文件	永久
3.10	特种设备设计计算书	30
3.11	关键技术设计、试验文件、设计接口及设备接口文件	永久
3.12	设计评价、鉴定	永久
4	征地、拆迁、移民文件	

续表

序号	归档文件	保管期限
4.1	建设用地评估报告、用地申请审批文件，征用土地协议、土地划拨、置换批准文件，建设征地规划设计报告及审查意见，建设规划用地许可证、国有土地使用证、海域（海岛）使用证、林权证、不动产权证等	永久
4.2	拆迁方案、拆迁评估、拆迁补偿、拆迁实验验收文件	永久
4.3	淹没实物指标调查材料，移民安置规划、方案及审批，移民补偿计划，移民安置合同协议，项目建设的招投标、合同、安置实施、项目验收文件，实物补偿、资金补偿、决算、审计等移民资金管理文件，移民监理文件，移民安置验收文件	永久
4.4	建设前原始地貌、征地拆迁、移民安置音像材料	永久
5	项目管理文件	
5.1	项目建设管理组织机构成立、调整文件	永久
5.2	项目管理人员任免文件	永久
5.3	项目各项管理的管理制度、业务规范、工作程序以及质保体系文件	永久
5.4	投资、质量、进度、安全、环保等计划、实施、调整、总结文件，重大设计变更申请、审核及批复文件	永久
5.5	贷款融资、工程概算、预算、差价管理、标底、合同价、竣工结算、竣工决算文件，审计文件	永久
5.6	合同中间结算审核及批准文件，财务计划及执行、年度计划及执行、年度投资报告	30
5.7	交付使用的固定资产、流动资产、无形资产、递延资产清册	永久
5.8	质量、安全、环保、文明施工等专项检查考核文件，履约评价文件，质量监督、安全监督文件	30
5.9	重要领导视察、重要活动及宣传报道材料	永久

续表

序号	归档文件	保管期限
5.10	项目管理重要会议文件、年度工作总结	永久
5.11	监管部门制发的重要工作依据性文件，涉及法律事务文件	永久
5.12	组织法律法规、标准规范、制度程序宣贯培训文件，信息化工作文件	10
5.13	通知、通报等日常管理性文件，一般性来往函件	30
5.14	获得奖项、荣誉以及先进人物等材料	永久
6	施工文件	
6.1	建筑施工文件	
6.1.1	施工项目部组建、印章启用、人员任命文件，进场人员资质报审文件，施工设备仪器进场报审文件，设备仪器校验及率定文件，开工报告、项目划分、工程技术要求，技术（安全）交底、图纸会审文件	永久
6.1.2	施工组织设计、施工方案及报审文件，施工计划、施工技术及安全措施、施工工艺及报审文件	永久
6.1.3	工地实验室成立、资质、授权文件，外委试验协议、资质文件，原材料及构配件出厂证明、质量鉴定、复试报告及报审文件，试验检验台账	30
6.1.4	见证取样记录、砂浆、混凝土试验记录及报告，钢筋连接接头试验报告，工艺试验方案、试验成果报告，锚杆检测报告、地基承载力检测记录及报告、压实度检测记录及报告，桩身及桩基检测报告，防水渗漏试验检查记录、节能保温测试记录、室内环境检测等技术试验检测记录和报告，成品及半成品试验检验台账等	永久

续表

序号	归档文件	保管期限
6.1.5	设计变更通知、变更洽商单、材料代用核定审批、技术核定单、工程联系单、备忘录、工程变更台账	永久
6.1.6	交桩记录、施工定位、测量放线记录及报审文件	永久
6.1.7	施工勘察报告、岩土试验报告、地基验槽记录、工程地基处理记录等	永久
6.1.8	各类工程记录及测试、检测记录、报告	永久
6.1.9	质量检查、评定文件、事故处理报告、缺陷处理记录及台账	永久
6.1.10	隐蔽工程检查验收记录、交工验收记录、验收评定、验收评定台账	永久
6.1.11	竣工图及竣工图编制说明	永久
6.1.12	施工日志、月报、年报、大事记	30
6.1.13	施工总结、完工报告、交工报告、验收证书、遗留问题清单	永久
6.1.14	施工音像材料	永久
6.2	设备及管线安装施工文件	
6.2.1	施工项目部组建、印章启用、人员任命文件、进场人员资质报审文件、施工设备仪器进场报审文件、设备仪器校验及率定文件，开工报告、项目划分、工程技术要求、技术（安全）交底、图纸会审文件	永久
6.2.2	施工组织设计、施工方案及报审文件、施工计划、施工技术及安全措施、施工工艺及报审文件	永久
6.2.3	工地实验室成立、资质、授权文件，外委试验协议、资质文件，原材料及构配件出厂证明、质量鉴定、复试报告及报审文件，试验检验台账	30

续表

序号	归档文件	保管期限
6.2.4	设计变更通知、变更洽商单、材料、零部件、设备代用审批、技术核定单、工程联系单、备忘录、工程变更台账	永久
6.2.5	焊接工艺评定报告，焊接试验记录、报告，施工检验记录、报告，探伤检测、测试记录、报告，管道单线图（管段图）	永久
6.2.6	强度、密闭性等试验检测记录、报告，联动试车方案、记录、报告	30
6.2.7	隐蔽工程检查验收记录、交工验收记录、验收评定、验收评定台账	永久
6.2.8	管线标高、位置、坡度测量记录	永久
6.2.9	管线清洗、试压、通水、通气、消毒等记录	30
6.2.10	安装记录、安装质量检查、评定，事故处理报告、缺陷处理记录及台账	永久
6.2.11	竣工图及竣工图编制说明	永久
6.2.12	施工日志、月报、年报，大事记	30
6.2.13	施工总结、完工报告、交工报告、验收证书、遗留问题清单	永久
6.2.14	施工音像材料	永久
6.3	电气、仪表安装施工文件	
6.3.1	施工项目部组建、印章启用、人员任命文件，进场人员资质报审文件，施工设备仪器进场报审文件、设备仪器校验、率定文件，开工报告、项目划分、工程技术要求、技术（安全）交底、图纸会审文件	永久

续表

序号	归档文件	保管期限
6.3.2	施工组织设计、施工方案及报审文件，施工计划、施工技术及安全措施、施工工艺及报审文件	永久
6.3.3	工地实验室成立、资质、授权文件，外委试验协议、资质文件，原材料及构配件出厂证明、质量鉴定、复试报告及报审文件，试验检验台账	30
6.3.4	设计变更通知、变更洽商单、材料、零部件、设备代用审批、技术核定单、工程联系单、备忘录、工程变更台账	永久
6.3.5	绝缘、接地电阻等性能测试、校核	30
6.3.6	材料、设备明细表及检验记录、施工安装记录、质量检查评定、电器试验检验台账	永久
6.3.7	系统调试方案、记录、报告，电气装置交接记录	30
6.3.8	交工验收记录、质量评定、验收评定台账、事故处理报告、缺陷处理记录及台账	永久
6.3.9	竣工图及竣工图编制说明	永久
6.3.10	施工日志、月报、年报，大事记	30
6.3.11	施工总结、完工报告、交工报告、验收证书、遗留问题清单	永久
6.3.12	施工音像材料	永久
7	信息系统开发文件	
7.1	设计开发文件	
7.1.1	需求调研计划、需求分析、需求规格说明书、需求评审	30
7.1.2	设计开发方案、概要设计及评审、详细设计及评审文件	30

续表

序号	归档文件	保管期限
7.1.3	数据库结构设计、编码计划、代码编写规范、模块开发文件信息资源规划、数据库设计、应用支撑平台、应用系统设计、网络设计、处理和存储系统设计、安全系统设计、终端、备份、运维系统设计文件	30
7.1.4	信息系统标准规范	10
7.2	实施文件	
7.2.1	实施计划、方案及批复文件，源代码及说明、代码修改文件、网络系统、二次开发支持文件、接口设计说明书	30
7.2.2	程序员开发手册、用户使用手册、系统维护手册	30
7.2.3	安装文件、系统上线保障方案，测试方案及评审意见、测试记录、报告，试运行方案、报告	30
7.3	信息安全评估、系统开发总结、验收交接清单、验收证书	30
8	设备文件	
8.1	工艺设计、说明、规程、试验、技术报告	永久
8.2	自制专用设备任务书、设计、检测、鉴定	永久
8.3	设备设计文件、出厂验收、商检、海关文件	永久
8.4	设备、材料装箱单、开箱记录、工具单、备品备件单	30
8.5	设备台账、备品备件目录、设备图纸、设备制造检验检测、出厂试验报告、产品质量合格证明、安装及使用说明、维护保养手册	永久
8.6	设备制造探伤、检测、测试、鉴定的记录、报告	永久

续表

序号	归档文件	保管期限
8.7	设备变更、索赔文件	永久
8.8	设备质保书、验收、移交文件	永久
8.9	特种设备生产安装维修许可、监督检验证明、安全监察文件	永久
8.10	设备运行使用、检修维护文件	永久
9	监理文件	
9.1	监理（监造）项目部组建、印章启用、监理人员资质，总监任命、监理人员变更文件	永久
9.2	施工监理文件	
9.2.1	监理大纲、监理规划、监理实施细则	永久
9.2.2	施工单位资质报审，施工管理人员、特种作业人员报审，施工设备仪器报审	永久
9.2.3	施工组织设计、施工方案、专项措施报审，施工计划进度、延长工期报审，开工、复工报审，开工令、暂停令、复工令	永久
9.2.4	原材料、构配件、设备报验	30
9.2.5	单元工程检查及开工签证、分布分项工程质量验收、混凝土开盘鉴定（开仓签证）、混凝土浇灌申请批复	30
9.2.6	监理检查、复检、实验记录、报告	30
9.2.7	旁站记录、见证取样、平行检验、抽检文件、质量缺陷、事故处理、安全事故报告	永久
9.2.8	测量控制成果报验及复核文件，质量、施工文件等检查报验、质量检查评估报告、阶段验收、竣工验收监理文件	永久

续表

序号	归档文件	保管期限
9.2.9	工程计划、实施、分析统计、完成报表	30
9.2.10	工程计量、支付审批、工程变更审查、索赔文件	永久
9.2.11	监理通知单、回复单、工作联系单，来往函件	永久
9.2.12	监理例会、专题会等会议纪要、备忘录	永久
9.2.13	监理日志、月报、年报	30
9.2.14	监理工作总结、质量评估报告、专题报告	永久
9.3	设备监造文件	
9.3.1	监理大纲、监理规划、监理实施细则	永久
9.3.2	设备制造单位质量管理体系报审，设备制造的计划、延长工期报审，开工、复工报审，工艺方案、控制节点、检验计划报审	30
9.3.3	原材料、外购件等质量证明文件报审，分包单位资格报审文件，试验、检验记录及报告	30
9.3.4	开工令、暂停令、复工令	永久
9.3.5	监造通知单、回复单、工作联系单，来往函件	永久
9.3.6	变更报审	永久
9.3.7	关键工序、零部件旁站记录、见证取样、平行检验、独立抽检文件	30
9.3.8	质量缺陷、事故处理、安全事故报告	永久
9.3.9	设备制造支付、造价调整、结算审核、索赔文件	永久
9.3.10	监造例会、专题会会议纪要、备忘录，来往文件、报告	永久
9.3.11	设备出厂验收、交接文件	永久
9.3.12	监造日志、月报、年报	永久

续表

序号	归档文件	保管期限
9.3.13	设备监造、工作总结、专题报告	永久
9.4	监理（监造）工作音像材料	永久
10	科研项目文件	
10.1	科研项目（技术咨询服务）立项文件、科研项目计划、批准文件	永久
10.2	科研项目（技术咨询服务）合同、协议、任务书	永久
10.3	研究方案、计划、调查研究、开题报告	永久
10.4	试验方案、记录、图表、数据、照片、音像	永久
10.5	实验计算、分析报告、阶段报告	永久
10.6	实验装置及特殊设备图纸、工艺技术规范说明书	30
10.7	实验操作规程、事故分析报告	30
10.8	技术评审、考察报告、研究报告、结题验收报告，会议文件	永久
10.9	成果申报、鉴定、获奖及推广应用材料	永久
10.10	获得的专利、著作权等知识产权文件	永久
11	生产技术准备、试运行文件	
11.1	技术准备计划、方案及审批文件	永久
11.2	试生产、试运行管理、技术规程规范	30
11.3	试生产、试运行方案、操作规程、作业指导书、运行手册、应急预案	30
11.4	试车、验收、运行、维护记录	30
11.5	试生产产品质量鉴定报告	30
11.6	缺陷处理、事故分析记录、报告	永久

续表

序号	归档文件	保管期限
11.7	试生产工作总结、试运行考核报告	永久
11.8	技术培训材料	10
11.9	产品技术参数、性能、图纸	永久
11.10	环保、水保、消防、职业安全卫生等运行检测监测记录、报告	10
12	竣工验收文件	
12.1	项目各项管理工作总结	永久
12.2	设计工作报告、监理工作报告、施工管理报告、采购工作报告、总承包管理报告、建设管理报告、运行管理报告	永久
12.3	项目安全鉴定报告、质量检测评审鉴定文件、质量监督报告	永久
12.4	同行评估报告、阶段验收报告	永久
12.5	环境保护、水土保持、消防、职业安全卫生、档案、移民安置、规划、人防、防雷等专项验收审批及批复文件，决算审计报告	永久
12.6	竣工验收大纲、验收申请、验收报告	永久
12.7	验收组织机构、验收会议文件、签字表，验收意见、备忘录、验收证书	永久
12.8	验收备案文件、运行申请、批复文件、运行许可证书	永久
12.9	项目评优报奖申报材料、批准文件及证书	永久
12.10	项目后评价文件	永久
12.11	项目专题片、验收工作音像材料	永久

后 记

在编写《建设项目档案规范化管理操作手册》过程中，我们参加了国家档案局组织的《建设项目档案管理规范》宣贯培训，参考了刘畅然、李朝霞、王冬梅、王红敏、王艳明等专家学者的授课教材，并得到了社会各界的帮助和支持。值此手册出版之际，衷心感谢山东大学历史文化学院教授刘旭光同志、国网交流公司肖峰同志、中国联通山东分公司宋秀梅同志、国网天津电力冀宏燕同志、中国文史出版社李晓薇同志以及官亭 500 千伏输变电工程参建单位有关同志提供的宝贵意见和大力协助。本《手册》旨在为落实《建设项目档案管理规范》等规章制度提供一套模板化的操作方法，对于各行业项目档案管理的专、兼职人员及有关技术管理人员在日常工作中具有一定的借鉴价值。《手册》依托于“官亭 500 千伏输变电工程”的项目档案示范管理实践，选用的案例和模板多侧重电力行业，与其他行业要求相比如果存在差异或未涉及之处，各行业应在遵守《建设项目档案管理规范》的基础上根据本行业有关规定开展工作。同时，受经验能力和学识水平所限，疏漏与错误在所难免，《手册》中尚有理解不到位、内容不科学之处，殷切期望从事建设项目档案管理的广大读者批评指正！